배우를 위한 갈매기

배우를 위한 갈매기

초판 1쇄 발행일 2024년 5월 24일

저   자 김지은 김태희 장슬아
집필 책임 조한준
자   문 함영준
그   림 김기령
표지디자인 김 예
편집디자인 박하얀

발 행 처 도서출판 동인(등록 제1-1599호 | 서울시 종로구 혜화로3길 5 118호)
          TEL (02) 765-7145 | FAX (02) 765-7165
          donginpub@naver.com | www.donginbook.co.kr
발 행 인 이성모

ISBN 978-89-5506-965-5
정 가 22,000원

예술을 사랑할 수 있도록 가르침을 주신
권용, 김준희, 조한준 교수님께 깊이 감사드립니다.

도움 주신 고마운 분들 (가나다 순)

고민준 곽유신 권도균 김 산 김민수 김재형 김지안 김현정 마은우 박창훈 박태환
성 원 엄예진 오성수 유지윤 윤연빈 이다해 이정연 임진웅 장승원 정지형 조계영
지민희 하세아 황성준

김지은

배우를

김태희

위한

장슬아

갈매기

(배우를 위한 갈매기)

도서출판 동인

차 례

추천 서문

집필 책임자 조한준*

왜 아직도 〈갈매기〉인가?

얼마 전 본 TV 예능에서 MZ 세대의 한 연예인이 배우 정우성 씨를 알아보지 못했다. 다른 것보다 그 이유가 필자의 말문을 막아버렸는데, 그 연예인은 어릴 때부터 영화, 드라마를 하나의 작품으로 오롯이 마주하여 처음부터 끝까지 본 적이 없다고 한다. 휴대폰에서 손으로 빠르게 넘기며 보는 숏폼 형식에 익숙해 왔고 이제 이마저도 30초를 넘게 보기가 힘들다고 하는 걸 보니, 토막으로 마주하는 드라마 관련 콘텐츠의 '지나가는 배우' 이름을 알 리가 만무한 것이다. 이 웃기고도 슬픈 이야기는 어쩌면 동시대 연극, 영화라는 예술 장르의 위기를 방증하고 있다는 생각이 들게 했다. 연극의 메카 대학로는 연인들을 위한 로맨틱 상업극이나 코미디 콘서트, 혹은 수많은 주점으로 뒤덮여 버렸고, OTT 플랫폼과의 한판 승부에서 김빠진 패배에 직면해 있는 대형 프랜차이즈 영화관들은 이제 곧 다른 업종으로의 퇴장의 기로에 놓여 있다. 과연 이는 연극, 영화 그 자체의 문제인가, 아니면 시대의 흐름을 빠르게 읽지 못한 우리 예술인들의 문제인가.

　'왜 아직도 〈갈매기〉인가?'를 서술하기 위한 첫 문단이 다소 뜬금없이 보이겠지만, 바로 이 이유로 〈갈매기〉여야 한다고 본다. 필자 역시 대학교 1학년 때 학교 작품으로 처음 접한 〈갈매기〉는 길고, 지루했다. 1학년이었지만 감히, 당시 공연에 참여하는 선배 연출과 배우들이 스스로 무슨 말을 하고 있고, 무엇을 이야기하고 싶은 기를 알고 있지 못하다는 확신마저 들었던 기억이다. 그러나 아마도 모두가 주지하

---

* 한양대학교 예술체육대학 연극영화학과 부교수

다시피, 그러한 안톤 체호프의 〈갈매기〉는 우리 인간 삶과 이 세상을 조금씩 더 알아갈수록, 연극이라는 예술에 조금 더 가까워지기 위해 노력하면 할수록 더욱 위력적이다. 굳이 여기서 안톤 체호프가 내포한 주제를 감히 유추하려 하지 않아도, 〈갈매기〉는 희곡이라는 문학 작품으로서, 연극이라는 장르 그 자체로서, 예술 교육을 위한 콘텐츠 그 자체로서 무한한 가치가 있다. 4차 산업혁명 시대의 새로운 차원의 물결 속에서 오히려 〈갈매기〉와 같은 고전은 우리 연극인들에게 왜 예술이고, 왜 연극인가와 같은 근원적인 질문을 다시금 고민하게 한다. 그리고 배우들에게는 인간을 이해하고 공감하는 것이 과연 어느 만큼의 영역인가와 같은, 차원이 다른 성찰을 가능하게 할 것이라고 본다. 좋은 예술가가 되려면 인간을 성찰해야 한다, 혹은 좋은 배우가 되려면 좋은 인간이 되어야 한다는 말처럼 좋은 연극인이 되기 위해 〈갈매기〉와 같은 작품을 많이 읽어보고 올려봐야 한다는 것과 같이 진부하게 들릴까 다소 염려스럽지만, 사실 그 말이 맞다.

번역자를 탓하지 말자.

연극인으로서 한 편의 희곡을 마주하는 일은 마치 인터스텔라의 숙제를 푸는 것과 흡사하다. 희곡은 문학으로서의 가치와 별개로 공연화가 동반되어야 비로소 그 가치가 완성되기에, 희곡을 살아있는 인물과 삶으로 제시해야 하는 우리 연극인들에게 그것은 거대한 수수께끼를 양손 가득 부여받은 것과 진배없다. 이는 그 희곡의 문학적 가치, 작가로서의 권위가 높으면 높을수록, 그리고 거기에 번역의 문제까지 동반된다면 그러한 어려움을 배가시킨다. 원작이 존재하는 공연을 만드는 일은, 아무리 그 시대와 스타일을 완전히 뒤바꾸더라도, 출발점이 당연히 원작에 대한 정확한 이해에 있다. 그리고 그 몫은 바로 연극을 창작하는 당사자들에게 있다.

이 책을 기획하게 된 시작점은 대단히 개인적인 두 가지 이유에서 출발했다. 먼저, 필자가 러시아 국립공연예술대학교(GITIS)에서 짧은 워크숍으로 경험한 연기 수업에서의 일화이다. 당시 러시아 연기 교수님은 필자에게 1막의 트레플레프와 소린과의 장면에서 트레플레프 역할을 연기하게 하였다. 우리 학생들은 영어로 연기했고 통역이 교수님께 러시아어로 동시통역했으며, 필자는 그 연기를 준비하기 위해 한국어로 번역된 〈갈매기〉 대본을 참고하는, 언어적으로 대단히 복잡하게 얽힌 상황이었다. 필자의 순서에 연기하고 있는데 러시아 교수님이 장면을 중간에 끊고서는 호되게 꾸지람을 하셨다. 역할로서의 목적이 잘못됐으니 대본을 샅샅이 다시 보고 오라는 말씀이었다. 이에 그날 밤 한국어 대본을 몇 번이나 다시 봤음에도 그 꾸지람의 원인을 알아내지 못했다. 고민을 거듭하다 혹시나 하는 마음에 영어 번역본을 살펴보던 중, 당시 필자가 참고하고 있던 한국어 번역본에는 존재하지 않던 트레플레프의 행동 지문, '(시계를 본다)'가 두 번이나 삽입되어 있음을 뒤늦게 알게 되었다. 이 짧고 단순한 지문 두 개는 해당 장면에서 그 역할의 존재 이유, 목적을 송두리째 바꿔놓는 엄청난 영향을 끼쳤다. 그리고 번역 누락에서 촉발된, 이와 같은 개인적 양해를 교수님께 구하자 또다시 돌아온 것은 꾸지람이었다. 안톤 체호프는 '수수께끼' 그 자체이기에, 배우 스스로가 그 수수께끼를 얼마나 집요하게 물고 늘어지는가에 역할로서의 생명이 직결되어 있다는 것이다. 그리고 이는 단지 번역의 문제가 아니라는 것이다. 배우라면 그 장면 속 역할의 내적 정당성이 적합하지 않음을 감각적으로 깨달아야 했고, 이는 분명 대본에 그 해답이 있을 것이기에 만약 대본에서 찾지 못했다면 그 대본의 다양한 판본을 비교해 가며 어떻게 해서든 원인과 해답을 찾았어야 했다는 것이다. 그리고 그것이 바로 고전을 만나는 배우로서 책임감의 문제라는 것이었다.

두 번째는 필자가 재직 중인 대학에서 지도교수로 참여한 〈갈매기: Unrevealed〉의 공연 프로덕션 과정이다. 우리는 원작의 3막과 4막 사이를 공동창작 방식으로 재창작해 보고자 했다. 체호프가 제시하지 않은 작품 속 시간과 공간의 간극을 우리의 상상의 나래로 메워보려 했지만, 곧바로 한계에 직면했다. '누구 마음대로?'라는 질문에 답을 찾다 보니, 의문이 꼬리에 꼬리를 물게 되는 현상에 이르렀고, 그 용감한 시도에 앞서 무엇보다 원작의 수수께끼를 하나씩 정확하게 탐색해야겠다는 결론에 다다랐다. 그리고 체호프가 숨겨놓은 '사실'의 발견과 분석을 빙자한 개개인의 '의견'이 투척되는 상황 속에서 이 과정 자체를 하나의 기록으로 남긴다면, 〈갈매기〉, 나아가 연극을 공부하고 연구하는 사람들에게 작은 나침반이 되어 줄 수 있겠다는 생각이 들었다. 이 과정에서도 역시 '번역' 문제는 단연 화두였다. 대단히 많은 버전의 한국어 번역본이 존재하고 있음에도 불구하고, 이를 무대화하거나 인물에 생명력을 부여해야 하는 우리 연극인들에게 〈갈매기〉라는 걸작은 여전히 의문투성이였다.

『배우를 위한 갈매기』

이 책의 제목을 굳이 '배우를 위한 갈매기'라고 칭하는 까닭은 앞서 언급한 바와 같이 본 과정이 〈갈매기〉에 등장하는 인물들의 정당성(justification)을 찾아가는 여정에서 비롯되었기 때문이다. 즉 작가의 정치, 사회적 상황, 그리고 작품 안에서의 시대적 배경과 같은 리서치를 기반으로 비교적 쉽게 찾아낼 수 있는 사실들 외에 각 인물의 크고 작은 행동과 말의 내외적인 정당성을 찾아가는 과정을 함께 적어 배우들이 〈갈매기〉라는 작품을 처음 손에 쥐었을 때부터 무대에 오르기 전까지 진행해야 하는 분석 작업을 망라해 보고자 했다. 이에 이 책에서는 타 번역본들과의 비교, 리서치를 통해 안톤 체호프의 숨겨진 '사실'을 제시하거나 기존의 것을 바로잡는 과정 뿐 아니라, 집필진들의 해석과 분석이 투영된 '의견'도 함께 병기된다. 이 책을 접하는 연극인들께 이와 같은 집필진들의 해석과 분석의 의견이 작품과 인물에 다가가는 데 또 다른 고정관념이 되지 않기를 당부하는 바이다.

　이 책의 집필 책임자로 출판사를 섭외하면서, 이와 같은 방식으로 고전의 재출판 시리즈를 진행하자는 제안을 받은 바 있다. 그러나 아주 잠시의 망설임조차 없이 그 제안을 거절할 수밖에 없었을 만큼, 이 과정은 예상했던 것보다 훨씬 고난의 연속이었다. 그리고 이와 같은 과정은 희곡을 문학적으로, 학문적으로만 분석해서는 가능하지 않다. 공연을 전제로, 실제 인물 구축 과정과 시행착오를 경험으로 체화해야만 가능한 부분이 존재한다. 그럼에도, 이 작업의 의의에 진심으로 경도되어 각고의 노력을 바친 세 분의 저자에게 존경의 박수를 보내는 바이다. 그리고 모쪼록 『배우를 위한 갈매기』가 한국의 수많은 연극 학도와 배우들에게 연극이 갖는 예술적 위력을 다시금 실감케 하고, 배우로서 창조적 영감을 얻는 데 작은 밑거름이 되길 진심으로 바란다.

2023년 8월 5일
연구실에서

저자의 말

저자 김지은

배우가 되고 싶었던 스무 살은 어느덧 서른 살이 되었습니다.
감히 나 따위가 배우가 될 수 있을까? 스스로를 시험하는 데에만 8년을 보냈습니다.
폭풍같은 시간들을 지나보내고 드디어 나 자신을 온전히 사랑할 수 있게 되자,
비로소 연기를 시작할 수 있었습니다. 연기예술을 공부하게 되었습니다.
배우 차해수가 되었습니다.

저는 '연기'라는 것을 너무나도 사랑합니다. 살면서 이보다 더 사랑한 존재는 없었습니다.
사실… 워낙 호기심과 사랑이 많은 사람이긴 합니다. 그래도…
앞으로 남은 생에서 연기보다 더 사랑할 존재는 없을 것 같습니다.
마샤가 콘샤를 사랑하듯 희망 없는 사랑이 될지라도, 이 선택에 후회는 없습니다.

선택에는 책임이 뒤따른다고 배웠습니다.
그 책임을 다하기 위해 애쓰다보니 나와 같은 사랑을 하는 이들을 응원하고 싶어
서툰 솜씨로 이 책을 만들게 되었습니다.
부끄럽지만, 사랑엔 큰 용기가 필요하다고도 배웠기 때문입니다.

혹시 이 글을 읽는 당신도 무언가를 사무치게 사랑하고 있을까요?
우리가 하는 이 사랑에는 논리적 이유도, 합당한 절차도, 타인의 검증도 필요치 않습니다.
그냥 마음껏 사랑하고, 힘껏 움직이고, 한껏 행복해지시길 바랍니다.
다른 이는 몰라도 일단 저는 목청껏 응원하겠습니다.
나의 가족들, 스승님들, 친구들, 동료들, 제자들 모두 사랑합니다.
이 책을 열어준 당신도 진심으로 사랑합니다.
충분히 느껴지시겠지만, 이 글은 축축한 새벽 2시 57분에 썼습니다.
고맙습니다.

김지은 + 차해수 드림.

저자의 말

저자 김태희

연극이 좋았습니다. 함께하는 작업이 좋았습니다.
혼자서는 절대로 할 수 없는 작업, 그러나 함께할 때 가치 있는 그것!
제게는 그것이 연극이었습니다.
대학원에서 만나 함께 공연하고, 함께 이 책을 출판하게 된 동역자 장슬아,
김지은 친구는 내게 다시금 함께함이 행복했던 연극 작업을 떠올리게 하였습니다.
비록 모든 여정이 순탄했다고는 할 수 없지만, 어찌 삶이 순탄할 수만 있겠습니까.
치열하게 논의하고 정열적으로 파이팅 한 2년의 시간이 감사이고 행복이었습니다.
우리의 삶은 연극이라고 합니다. 연극은 삶이지요.
그 삶은 혼자가 아닌 더불어 살아갈 때 가치 있는 것이라 생각합니다.
그리고 그것이 제가 연극을 하는 오랜 이유이기도 합니다.
내 영혼의 힘이 매일 성장한다는 나나의 대사처럼
연극을 하는 동안 아주 조금씩 좀 더 나은 나를 꿈꿉니다.
또한, 함께하는 이들도 저와 함께 좀 더 나은 이들이 되기를 소망합니다.
이렇게 좀 더 나아진 우리가 함께 공연할 때,
그 공연을 보는 모든 이들도 좀 더 나은 세상을 보기를 간절히 소원합니다.
그것은 혼자 할 수 없습니다. 저에게는 혼자 할 수 있는 능력이 없습니다.
지금까지 함께 작업해 준 동료들 덕분에 할 수 있었습니다.
다시금 함께 작업했던 모든 동료에게 감사 인사를 전하고 싶습니다.
또한, 가장 든든한 동료이자 삶의 동반자 임진웅 님,
내 삶의 가장 큰 축복, 하나님의 선물 한나, 시아
아낌없이 응원해 주시는 이진욱 님, 김현정 님, 임화현 님
마음 다해 기도해 주시는 모든 분께 감사 인사를 전합니다.
그들과 함께였기에 지금의 제가 있습니다.
마지막으로, 부족한 책이지만,
이 책과 함께하는 시간이 조금이나마 의미 있는 시간이 되길 소망합니다.

3년의 시간을 마무리하며...
김태희 올림

저자의 말

저자 장슬아

'배우들에게 도움을 줄 수 있는 사람이 되자. 연기를 어떻게 하면 잘할 수 있는지 속 시원하게 알려주는 액팅코치가 되고싶다.' 이런 꿈을 가지고 대학원에 왔습니다.
대학원에 오면 연기 예술에 대해 '유레카'의 순간을 맞이하게 될 줄 알았습니다.
그래서 열심히 최선을 다해 공부했습니다.
아직도 공부할 것이 많이 남았지만, '유레카'가 아닌,
뻔하고 애매하다고 생각했던 '연기 예술에는 정답이 없다. 인물이 되고자 하는 배우의 집요한 노력만이 정답의 근처에 다다를 수 있다.' 라는 진리를 다시 마주했을 때, 꽤나 먹먹했습니다.

하지만 대학원에서 공부하고 공연을 하면서, <배우를 위한 갈매기>를 위해서 리서치 하면서, 역사를 공부하며, 인간을 탐구하면서,
배우의 집요한 노력을 어떻게 이어가면 될지에 대한 영감을 얻게 되었습니다.

저의 꿈을 이렇게 고쳐봅니다.
'내가 사랑하는 배우라는 존재가 관객을 마주하기까지,
 그 여정에서 외롭지 않게 함께 치열하게 달려주는 동반자가 되고 싶다.'

이 책을 쓰는 동안 저 또한 외로웠습니다.
그 외로움을 견딜 수 있었던 건 공동 저자 김태희, 김지은이 있었기 때문입니다.
혼자라면 결코 이 오랜 시간을 버티지 못했을 것입니다.

늘 바쁜 아내, 엄마에게 사랑만 주며 이 책을 기다려준 지승안, 지성빈, 지성권.
밤낮으로 저를 위해 기도해 주시고 격려를 아끼지 않는 장주옥, 김정례, 장재이, 장한힘, 이수연, 지충역, 이덕관, 지운희, 권태구, 권인준, 권지안 고맙고 사랑해요. PEANUT& MILK, I♡U.
친구들의 응원 잊지 않겠습니다.
이 책을 펼친 여러분의 여정에도 든든한 동반자가 함께하길 응원하며, 장슬아 드림.

1장

일러두기

1. 이 책의 집필 과정에 관한 설명

이 책의 저자 김지은, 김태희, 장슬아는 한양대학교 연극영화학과 대학원에서 연기예술을 함께 공부하며 배우의 '현존'에 관해 깊이 고민하게 되었다. 배우가 현존하기 위해 충족되어야 하는 여러 조건 중 세 사람의 공통된 의견은, 배우가 연기를 위해 내뱉는 말, 즉 자신이 하는 말이 '무엇을 위한 말인지, 어떤 내용인지 정확히 알고 말해야 한다는 것'이었다. 공연을 만들면서 이것을 탐구해 볼 수는 없을까? 하는 마음에, 누가 봐도 '잘 쓰인 작품'을 재료 삼아 연구를 진행해 보기로 했다. 그리하여 세 사람이 선택한 작품이 바로 안톤 파블로비치 체호프(Антон Павлович Чехов, 1860-1904)의 희곡 〈갈매기(Чайка)〉이다. 원작을 철저히 파헤치고, 분석하고, 공부하여 이를 기반으로 한 창작 공연을 만들어 본다면, 그 과정에서 희곡에 나타난 인물에 관한 정보뿐 아니라 나타나 있지 않은 부분까지 추론할 수 있게 될 것이니, 자연스레 '인물의 모든 말을 정확히 알고 말할 수 있을 것'이라 예상했기 때문이다.

그렇게 세 사람은 2021년 겨울, 〈갈매기: Unrevealed〉를 공동 기획해 한양대학교 연극영화학과 2학기 워크숍 공연으로 올리게 되었다. 원작에서 생략된 3막과 4막 사이, 그 2년의 세월을 무대에 펼쳐보는 공연이었는데, 무에서 유를 창조하려니 조한준 지도교수님의 "누구 맘대로?" 질문 필터를 절대 피해 갈 수 없었다. 정말 원작을 누구보다 잘 알지 않으면 안 되었다. 따라서 각자 갖고 있던 번역서들을 비교 분석하며 공부하던 중, 각 번역서가 역자의 문학적 해석과 판단에 따라 같은 말도 다르게 표현하고 있다는 사실을 인지하게 되었다. 그러다, 도대체 원래 체호프가 표현하려 했던 정확한 뜻이 무엇이었는지가 궁금해졌다. 이를 알고 싶어 국내에 존재하는 거의 모든 번역서와 해외 영문 번역서들까지 참고하게 되었는데, 이 과정*에서 지금까지 우리가 읽고 있었던 〈갈매기〉는 '러시아의 검열단과 초연 연출의 수정으로 인해 체호프의 초고와는 달라진 대본'이라는 것을, 그렇게 수정되어 '모스크바 국립극장에서 대성공을 이루게 된 공연의 대본'이라는 사실을 알게 되었다. 그 뒤에 따르는 질문은 당연히 이랬다. 수정되기 전, 체호프의 초기 원고는 어딨지? 볼 수 없나? 이

---

* 위 과정에서 참고한 모든 자료는 247쪽의 '참고문헌'에 빠짐없이 표기해두었다. 세상에 존재하는 모든 〈갈매기〉의 역자 및 제작 관계자들, 〈갈매기〉를 학술적으로 연구한 모든 이들에게 존경과 감사의 마음을 전한다.

질문의 발생과 함께 우리의 모든 여정이 시작되었다.

추적하다 보니, 2004년 예술의 전당 기획 공연 〈갈매기〉가 바로 그 초기 원고를 번역해 만든 공연이라는 점을 알게 되었다. 그러다 이 공연의 협력연출가이자 아르코 예술기록원에 보관된 그 대본의 번역자인 단국대학교 노어노문학과 '함영준 교수님'을 찾아내기에 이르렀다. 거절을 각오하며 이메일로 만남을 요청한 우리에게, 함교수님께서는 '우리는 모두 연극 나라의 시민들'이므로, 기꺼이 도와줄 수 있다며 흔쾌히 만남에 응해주셨다. 그리고 긴 대화를 통해, 그간 우리가 품었던 〈갈매기〉에 관한 많은 의문을 해결해주셨다. 또한, 1896년 체호프의 수정 전 원고가 담긴 원서를 공유해주셨다. 우리는 이 책을 기반으로 우리의 연구를 이어나가기로 했다. 하지만 안타깝게도 세 사람이 자유로이 사용할 수 있는 언어는 한국어, 영어, 프랑스어가 전부였다. 도움받을 곳을 찾던 중, 러시아에서 한국으로 귀화한 '하세아' 씨를 만나게 되었는데, 그녀의 도움으로 만들어진 디지털 대본 파일을 활용해 러시아어 원문을 다양한 번역기로 번역해 볼 수 있었다. 단어 그대로를 직역해 보고, 활용할 수 있는 다른 언어로 바꾸어보고, 기존의 번역서들과 한 줄 한 줄 비교해가며 〈갈매기〉를 다시 처음부터 새로이 읽으며 수단과 방법을 가리지 않고 원문의 원래 의도를 파헤치기 위해 노력했다. 이 단계부터는 세 사람이 작품에 관해 탐구하는 범위도, 수집하는 정보도 점차 방대한 양이 되기 시작했다.

우리는 공연 〈갈매기: Unrevealed〉를 만드는 과정에서 진행될 '원작 연구 과정'을 위해, 본래의 의미를 최대한 잘 살린 대본을 정리해 보고자 했다. 원작의 의미가 왜곡되지 않게 하려고 짧은 단어 하나, 감탄사 하나, 문장부호 하나를 선택하는 것에도 2~3시간가량의 토론을 이어갈 만큼 정말 집요하게 매달렸다. 그러던 중, 배우의 현존을 위해, 배역에 가장 가까이 다가가 보는 귀한 과정을 위해, 이처럼 끊임없이 노력하는 우리의 모습을 지켜본 조한준 지도교수님께서 제안해 주셨다. 집필 책임자를 자처하시며 이 모든 과정을 한 권의 책으로 엮어봄이 어떻겠냐는 것이었다. 이제 겨우 석사과정을 공부하고 있는 우리가 감히 그런 작업을 해도 될지에 대한 깊은 의문이 들었으나, 그간 우리가 공부한 자료를 잘 정리해 보는 것만으로도 또 다른 배우에게 도움을 줄 수 있다면, 이 작업을 진행해야 할 이유는 충분하다는 마음으로 용기를 내었다. 정말 감사하게도 함영준 교수님께서도 자문을 맡아주시며, "사라지는 예술을 하면서 사라지는 것을 남기는 작업. 누군가는 알게 될 테니…"라는 멋진 말씀으로 용기를 북돋아 주셨다.

이 책은 결코 완벽한 책이 아니다. 문학적으로 부드럽게 잘 번역된 〈갈매기〉라 보기도 어렵다. 하지만 적어도 〈갈매기〉를 공연하고자 하는, 작품 속 인물을 연구해 보고자 하는, 그 인물들의 말이 정말 무슨 뜻인지 궁금해하는 '배우들'을 위한 길잡이가 되는 책이 될 순 있을 것이다. 저자 3인은 그런 겸손한 생각으로, 정말 최선을 다해 작업했다.

2. 책에 관한 간략한 소개

이 책은 안톤 체호프의 희곡 〈갈매기〉 대본 중, 1896년 3월 체호프가 검열관에게 보낸 원고의 사본을 번역하고, 대본에 나타난 여러 요소에 대해 객관적 주석과 주관적 분석을 더한 책이다. 당시 러시아의 모든 희곡은 정치적 이유로 정부 검열단의 검열을 통해 수정되는 단계를 거친 후 공연할 수 있게끔 했다. 갈매기를 완성한 체호프가 공연을 위해 러시아 제국 극장에 제출한 대본의 사본이 바로 이 책에서 번역의 원문으로 삼은 대본이며, 2024년 4월 현재까지 국내에 출판된 갈매기 번역서들이 원문으로 삼은 대본과는 그 내용이 다소 다른 점이 있다는 것을 밝힌다. 이 책의 공동 저자 3인은 비록 부족함이 많은 책이지만, 갈매기를 사랑하고 알고자 하는 누군가가 있다면, 체호프가 원래 표현하고자 했던 바에 최대한 가까이 다가가고자 고민하는 누군가가 있다면, 이 책이 작게나마 도움이 될 수 있기를 바라는 마음으로 집필 작업을 진행했다. 작업이 어떻게 진행되었는지에 관한 구체적인 내용이나 이 책의 의의, 정체성 등에 대해 호기심이 생긴다면, 그 내용을 더욱 자세히 담고자 노력한 2장, '저자 3인의 셀프 인터뷰'를 참고하면 좋겠다.

3. 집필진의 분석 노트

이 책의 집필 의도는 독해력, 분석력, 관찰력, 상상력, 추론 능력 등을 활용해 글로 쓰인 것을 실제화해야 하는 숙명을 지닌 배우라는 존재들이, 연기에 활용할 수 있는 여러 형태의 자료나 재료를 발견하도록 돕고자 하는 것이다. 따라서 여러 참고문헌을 바탕으로 '사실' 위주의 객관적 주석, 다양한 해석 가능성에 관한 제안, 번역 방향성 및 어휘 선택 이유 설명, 저자들의 주관이 반영된 '집필진의 분석 노트' 등을 다양하게 기록해보았다. 이는 결코 읽는 이에게 특정한 방향의 분석을 주장하고자 함이 아니다. 저자 3인 역시 또 한 명의 배우로서, 〈갈매기〉의 애독자로서 해석해볼 수 있는 여러 방향성 중 일부를 자유로이 기록해 본 것일 뿐이다. 많은 고민 끝에 상당한 용기를 내어 공유해 본 것이니 가볍게 읽어주었으면 한다. 읽는 이에 따라 놀랍도록 타당해 보일 수도, 또는 어처구니가 없을 수도 있지만 "사람의 생각은 참 다양하군!" 하며 유쾌한 웃음과 함께 너그러이 넘어가 주기를 정중히 부탁한다. 이 책에 기록된 무언가가 어떠한 방향으로든 읽는 이의 생각을 확장할 수 있는 작은 씨앗이 될 수 있기를 간절히 바란다.

4. 체호프의 〈갈매기〉 대본이 수정된 과정

가. 체호프가 쓴 최초의 원고 대본: 1895년 10월 ~ 11월
체호프가 최초로 쓴 원고는 남아 있지 않으며, 확인할 수 있는 자료가 없다.

나. 검열관에게 최초로 보낸 대본: 1896년 3월 15일
『배우를 위한 갈매기』에서 원문으로 삼은 대본은 바로 이 시기의 대본과 같다.

다. 검열관의 요청대로 수정한 후 다시 보낸 대본: 1896년 8월 초
1896년 여름, 검열관 리트비노프(Иван Михайлович Литвинов, 1844-1906)는 체호프에게 편지를 보냈다. 그는 작품 〈갈매기〉 속에서 보이는 본질적인 문제들을 지적하며 단순 대사 수정 정도가 아니라, 근본적인 방향 수정을 지시하며 작가가 직접 고쳐 다시 보내주기를 요청했다. 체호프는 검열관의 요구대로 그 당시 가치관에 따라 비윤리적으로 보일 수 있는 행동을 수정하거나, 인물 관계에서 나타나는 여러 요소를 수정했다. 8월 초, 수정된 대본은 여러 사본과 함께 다시 검열 위원회로 보내졌다.

라. 검열 위원회의 허가를 받은 대본: 1896년 8월 20일

검열을 통과한 대본은 1896년 9월 10일 제국 극장의 관리자에게 전달되었다. 9월 14일 연극 및 문학 위원회 상트페테르부르크 지부의 마지막 검토를 거친 후, 연극 〈갈매기〉의 극장 공연이 허용되었다. 이 대본은 1896년 10월 17일, 알렉산드린스키 극장에서 최초로 상연되었다.

마. '러시아 사상지(Русская Мысль)'에 실린 대본: 1986년 12월

초연의 흥행이 실패로 끝난 후, 체호프의 친구 알렉세이 수보린(Алексей Сергеевич Суворин, 1834-1912)과 연출가의 제안으로 대본이 수정되었다. 주로 진행된 수정 내용은 반복되는 대사의 삭제와 메드베젠코, 도른, 소린, 폴리나, 샤므라예프의 캐릭터를 축소하는 것이었다. 따라서 니나, 트리고린, 트레플레프, 아르카지나를 중심으로 진행되는 극 전개를 띠게 되었고, '기존의 방식에 따르지 않는 작품을 썼다'는 체호프의 의도와는 사뭇 다른 방향을 갖게 되었다. 이렇게 수정된 대본으로 1896년 10월 21, 24, 28일 공연을 올리게 되었고, 11월 5일 공연을 마지막으로 〈갈매기〉는 막을 내렸다. 이때 수정되어 사용된 대본이 '러시아 사상지'에 실렸는데, 2년 뒤 모스크바 예술극장에서 이 대본으로 공연을 올렸으며, 대성공을 이룬다.

바. '체호프 전집 Ⅶ'에 실린 대본: 1901년 ~ 현재

1901년 3월 18일, 알렉산드린스키 극장에서 다시 공연되는 시기에 마지막 수정을 거쳤고, 이후 그 대본이 전집에 실렸다. '마', '바'의 대본이 지금까지 전해지고 있다.

5. 러시아어의 한글 표기

국립국어원에서 제시한 '외래어 표기법[시행 2017. 3. 28.] 문화체육관광부 고시 제2017-14호(2017. 3. 28.)'에 따른다.

6. 이 책에 나타난 '글자 속성'에 관한 안내

① 위 첨자

예시	난 한 달에 고작 23루블[4]을 받고, 거기다 퇴직금[5]까지
설명	단어나 구절, 문장의 오른쪽 위에 '위 첨자'로 작은 숫자가 붙어 있다. 이것은 주석이 달린 부분을 표시한 것이다. 위 첨자 숫자와 주석 번호가 같으므로, 함께 확인하면서 읽는 걸 추천한다.

② 점선 밑줄

예시	어제 밀가루를 사려고, 자루를 이리저리 찾는데, 거지들이 훔쳐 가 버렸어요.
설명	체호프의 희곡 〈갈매기〉에는 검열, 수정 등을 거치며 삭제된 대사들이 있다. 기존 번역서에서는 찾아볼 수 없던 부분이다. 이 책에서는 그런 부분을 모두 복원해 번역하여 삽입했으며, 해당 부분은 점선 밑줄을 그어 표시하였다.

③ 기울임체

예시	*오른쪽에서 소린과 트레플레프가 들어온다.*
설명	대본에서 '지문'은 기울임체와 가운데 정렬을 적용하였다. 단, 인물의 대사 가운데 등장하며 해당 인물이 즉각적으로 행해야 하는 지문은 대사 사이에 소괄호를 사용하여 표기하였다.

④ 홑화살괄호

예시	그녀에 관해서만 쓰고, 〈동백꽃의 여인〉이나 〈삶의 매연〉에서 … (중략)
설명	대본과 주석에 나오는 '예술 작품'의 제목은 홑화살괄호(〈 , 〉)로 표기하였다.

⑤ 겹낫표

예시	『모스크바 예술극단의 회상』에 따르면, 체호프의 초기 원고 … (생략)
설명	대본과 주석에 나오는 단행본이나 번역본의 제목은 겹낫표(『 , 』)로 표기하였다. 국내에 번역된 단행본이 기존하는 책은 해당 책 제목으로 한국어만을 표기하였고, 국내에 번역서가 존재하지 않는 책의 제목은 저자 3인이 같이 번역하고 원어 제목을 함께 표기하였다.

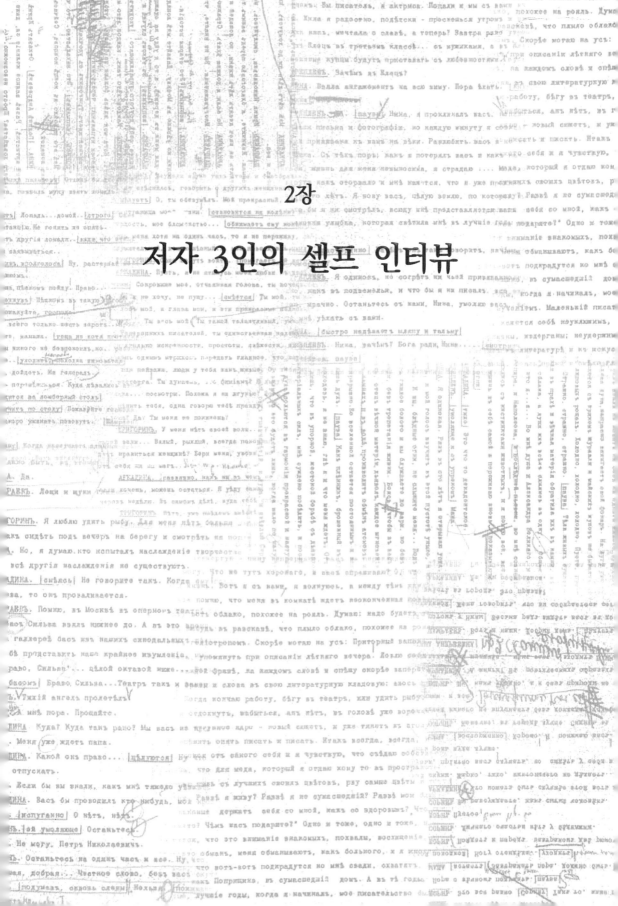

2장

저자 3인의 셀프 인터뷰

Q1. 세 사람은 어떻게 만났고, 어쩌다 이 책을 쓰게 되었나?

슬아   신기하게 다 각기 다른 때에 한양대 대학원 연극영화학과에 입학한 거잖아. 지은이가 제일 먼저, 그다음 태희, 다음에 슬아! 이렇게. 차례대로, 한 학기 차로. 지은이랑 태희 언니가 먼저 만났잖아. 실기 수업 발표용 작은 공연 때문에. 그다음엔 이제... 그 워크숍 공연을 하면서 나랑도 만나게 됐지.

태희   그래, 처음 시작은 그거야. 셰익스피어의 〈햄릿〉을 소재로 창작한 〈Time to Sleep 4:13〉. 그걸로 같이 작업하다가 완전 친해진 거지. 근데 그때 그 작품을 하면서 우리가 제일 많이 했던 얘기가 뭐였지? 그걸로 이 모든 게 시작된 건데.

지은   그거잖아. 왜 우리는 '연기 실습'에서 배운 연기를 공연 때 못 써먹는 것인가. 이게 우리의 문제인가, 아니면 도대체 뭔가... 이게 가능하긴 한가... 우리 지도교수님이 못 써먹는 걸 알려주시진 않았을 텐데... 절대! 물론 배우의 문제도 있겠지만, 여러 가지 요인이 복합적으로 작용한다고 생각한 것 같아.

슬아   그치, 그래서! 다음 공연은 수업에서 배운 대로 연기해 볼 수 있게 우리가 직접 만들어 보자. 이렇게 된 거지.

태희   그래서 만든 공연이 〈갈매기: Unrevealed〉지. 체호프의 〈갈매기〉를 충분히 분석하고 연구해서, 대본에 나타나 있지 않은 3막과 4막 사이의 2년을 추론해서 무대 위에 펼쳐내 보자고.

슬아   서울시 성동구 사근동 왕십리로 222 IT/BT관 지하 1층에서... 치킨을 먹다가... 그런 말을 했습니다... 치킨만 먹진 않았죠? 치킨과 떡볶이와...

태희   그랬구나... 야식 먹다가 그랬구나... 왜 그랬지... 허허...

슬아   근데 아무래도 대본에 없던 걸 창조해내다 보니까, 이제 우리는 조한준 교수님께서 늘 말씀하시는 '누구 맘대로?'가 되지 않으려고 그때부터 체호프의 〈갈매기〉를 파기 시작한 거지.

지은   그래... 두더지처럼 진짜 한도 끝도 없이 팠지. 근데 그러다가 알게 된 거지. 우리가 지금 현대에 보고 있는 〈갈매기〉는 다양한 이유로 다수에 의해 여러 번 수정되어 온 〈갈매기〉라는 걸.

태희   그래. 그때 지은이는 배우, 마샤 역. 내가 드라마터그, 슬아는 기획이어서 같이 연구를 계속하다 보니 기존의 갈매기와 매우 다른 지점들을 계속해서 발견하게 된 거지. 근데 하면 할수록, 알면 알수록 연구해야 할 양이 줄어드는 게 아니라 훨씬 많아지잖아. 어떻게 하다 보니까 점점 자료들이 많아졌고... 이 자료들을 그냥 매장하는 게 너무 아깝다는 생각이 들어서, 조한준 교수님의 제안으로 책을 내보기로 한 거지. 근데 이 책을 마무리하고 있는 이 시점에도, 여전히 할 게 많이 남았다는 생각이 들어. 근데 더 하다간 이 작업이 영원히 안 끝날 것 같네...

지은   근데 나는 진짜 그때, 언니들이 그걸 알아내서 말해줬을 때, 무릎을 탁! 쳤다니까? 내가 그동안 배역으로서 생각할 때 진짜 의문인 부분이 너무 많았거든. 뭔가 이상하다고 생각되는 게 많았어. 아무리 이게 번역된 대본이라고 해도 작가가 절대 이렇게 쓰지 않았을 것 같은, 설정하지 않았을 것 같은 부분이 있었단 말이야.

태희   예를 들면 어떤 부분?

지은   내가 〈갈매기: Unrevealed〉에서 '마샤'였잖아. 난 마샤라는 인물을 연구하면서 정말 의문이 많이 들었어. 일단, 이름! 왜? 왜 마샤라는 인물만 이름이 딱 두 글자, '마샤'라고만 적혀 있을까? 등장인물 소개에 말이야! 다른 사람은 다 풀네임으로 나와 있잖아. 콘스탄틴 가브릴로비치 트레플레프! 이렇게! 왜 마샤만 차별하냐고? 정말 체호프가 이유도 없이 이렇게 썼다고? 정말? 그리고 4마에서 집에 가자고 말하는 메드베젠고에게 안 갈 거라고 말하면서, 유모가 젖을 줄 거라고 말하는 장면이 있는데, 왜 이 유모가 갑자기 나

왔지? 메드베젠코가 극 중에서 항상 하는 소리가 자기 돈 없다는 건데. 도대체 무슨 돈으로 어떻게 유모를 고용한 걸까, 갑자기? 이런 의문들!

슬아   맞아! 나도 그랬어! 그래서 영어로 번역된 책도 찾아보고, 러시아어로 된 대본도 찾아보고 그랬지.

태희   그러다 2004년 예술의 전당 기획공연으로 상연했던 〈갈매기〉 공연 대본을 찾게 됐고.

지은   난 아직도 언니가 아르코 예술기록원에서 그 대본 찾았다고 했을 때 느꼈던 그 흥분을 잊을 수가 없어... 그 대본을 통해 우리는 이제 우리의 운명... 함영준 교수님의 존재를 알게 된 거지. 사실 논문을 찾아보면서 함영준 교수님의 성함이 너무 많이 나와서 난 이런 생각을 했어. 이분은 정말 갈매기 덕후...신가? 흐흐흐. 그럴 정도로 갈매기를 주제로 한 논문을 많이 쓰셨더라고. 근데 알고 보니 2004년 공연의 협력연출을 맡으셨던 거지! 충격적!

슬아   그렇게 파면 팔수록... 자료를 보면 볼수록... 우리는 질문과 의문이 많아지게 됐고... 호기심에 잡아먹힌 우리는... 전혀 일면식도 없지만, 용기를 내서 함 교수님께 이메일을 보내게 됐지... 지금 생각하니까 진짜 엄청난 용기였네, 우리.

지은   답장을 받은 것도 대박이지. 나는 진짜 그 메일에 답장받고, 함 교수님을 뵈러 갔던 날이 아직도 꿈 같아. 일이 이렇게 될 수도 있나? 이건 운명인가? 혹시 사기는 아니겠지?

태희   사기라니, 지은아... 우리 지은이는 상상력이 참 좋아...

지은   어쨌든 그래서 함 교수님께 그동안 궁금했던 거 다 여쭤보고, 체호프와 〈갈매기〉에 관한 내용을 정말 원 없이 얘기했던 것 같아. 그리고 정말 감사하게도, 배려해 주신 덕에, 우리 책의 원문이 담긴 원서를 보게 된 거지.

슬아　그걸 통해서 새로운 사실들을 많이 알게 됐고, 이 많은 걸 우리만 알기 아깝다고 생각하다가... 마침내 여기까지 왔네.

태희　그래, 결국 우린, 작업하다가 알게 됐고, 작업을 대하는 자세들이 서로 마음에 들어서 함께 해 온 거지. 뭐.

Q2. 왜 제목이 『배우를 위한 갈매기』인가?

지은　우리가 치킨과 떡볶이를 먹던 그때... 우린 '배우의 분석'에 대해 총체적으로 고민 중이었지.

슬아　맞아. 배우가 과연 '분석'을 잘하면 무조건 연기가 잘 되는 건가? 이런 막연한 궁금증도 있었기 때문에, 그렇다면 '분석이란 무엇인가?'를 진짜 알고 싶어졌지. 내가 무슨 말을 하는지 잘 알고, 내가 뭘 해야 하는지를 알고, 배역에 관한 모든 걸 정확히 알고 무대에 서게 되면 내가 진짜 연기를 잘할 수 있을까?

지은　변수가 많긴 하지. 그렇지만 '나'라는 배우는 모르는 것보다 아는 게 훨씬 도움이 된다, 무조건! 이렇게 생각해.

태희　당연히 상관있지. 매우 많이. 우리 다 비슷한 생각이었던 것 같아. 그러니까 시작한 거지. 그렇다면 우리가 이왕 마음먹은 거 분석을 정말 끝까지 해보자. 찾아볼 수 있는 건 다 찾아보자! 그리고 정리해 보자! 그래서 〈갈매기〉를 공연하고자 하는 모든 사람에게 꼭 필요한 책을 만들어 보자. 작품을 이해하는 데 많은 도움을 줄 수 있는 자료를 만들어 보자! 이랬잖아.

슬아　그리고 배우들이 무대에 설 때, 연기할 때, 그 인물로서 무대에 현존해야 할 때를 위해 어떠한 방식으로든, 크든, 작든, 뭐든 도움을 줄 수 있는 책이 되자.

지은   그래, 그래서 제목 후보가 한 10개쯤 있었던 것 같은데... 결국, 우리의 의도는 그게 핵심이어서 제목이 이렇게 된 거 같아. 어쨌든 우리가 모두 연기를 배우며 생긴 의문으로부터 시작해 연구를 진행한 거니까.

Q3. 『배우를 위한 갈매기』는 읽는 이에게 어떤 도움을 주나?

슬아   내가 연기를 공부하면서, 연기에 대해 고민할 때, 배우가 무대에서 하는 말이 무슨 말인지를 알고 말해야 하는데, 그것들을 어떻게 하면 진짜 알고 말하지? 진짜 알아야 말이 되는 건데...? 라는 생각이 계속 들었어.

태희   근데 많은 지식을 안다고 해서 연기가 또 다 잘되는 건 아니잖아.

지은   그렇지. 하지만 반드시 '알기 위한 과정'을 지향점으로 두고 나아가야 한다고 생각해.

슬아   응. 그래서 '알고 말하기' 위해 나아가는, 찾아가는 그 과정들을 함께 한다는 개념으로 이 책을 봐주면 좋겠어, 나는. 이 책이 100% 정답이라는 게 절대 아니라고, 우리가 이만큼 많이 찾았다고 자랑하는 게 아니라고. 읽는 사람들이 이 책을 보면서 우리가 찾은 객관적 지식에 대해서도 알게 되고, 우리만의 주관적 분석에 대해서도 알게 되겠지. 근데 그런 부분들이 그들 자신만의 궁금증을 어떻게 접근해서 찾아 나가야 하는지, 그 방법에 대한 감을 잡을 수 있는 길잡이가 되지 않을까 싶어. 난 이 책이 그런 도움을 준다고 생각해.

지은   맞아. 간결하게 말해서 이거지. "우리는 이렇게 해봤습니다. 갈매기를 정말 좋아해서요! 이리저리 주절주절 정리해 봤어요. 혹시 당신은 어떻게 연구하고 계신가요? 같이 나눠봐요!"라고 말하고 싶은 거지. 정말 〈갈매기〉를 한 번이라도 읽어 본 사람이라면, 또는 공연해 본 사람이라면, 기꺼이 반가운 마음으로 이 책을 들여다봐 줬으면 좋겠어.

태희 혹시 배우가 아닌 사람들, 이 업계와 관련이 없는 일반 독자들에게는 어떤 도움을 줄 수 있을까?

지은 나는 아이들과 함께 국어 공부를 오랜 시간 해 오면서, 이런 생각이 들었어. 아이들이 희곡 읽기를 참 어려워해. 소설은 그래도 잘 읽는 편인데, 희곡은 양식이 낯설고, "이런 걸 왜 써요? 이런 걸 왜 읽어요?"라는 질문을 굉장히 많이 해. 사실 고전시가를 읽으면서도 그런 얘길 많이 하긴 하는데, 더 많이 물어보는 분야가 확실히 희곡이야. 연극을 본 경험이 있더라도 무대 위에 만들어진 작품을 보는 거고 일상생활에서 희곡을 읽는 경우는 대부분 거의 없으니까. 제일 대답하기 어려운 질문은 이거야. "이런 걸 왜 공부해야 해요?"라는 질문. 진짜 대답하기 쉽지 않아. 학습자에게 이해시켜 주지 못하면 공부를 왜 해야 하는지에 대한 강한 의문이 생겨버리고, 그건 결국 학습 목표 달성을 어렵게 만드니까.

태희 희곡이라는 게 이해하기 어려울 때가 많지. 희곡은 행동으로 이루어져 있고 결국 공연으로 완성되는 글이니까. 친절하다고 볼 수는 없지.

지은 그런 지점에 있어서, 난 이 책이 도움이 될 것 같다는 생각이 들어. 물론 아이들이나 청소년들이, 또는 연극영화학과 입시를 준비하는 많은 친구가 이 책을 읽고 "아! 이래서 희곡을 읽는구나!"라고 할 확률은 사실 낮지. 하지만 적어도 희곡이라는 것이 얼마나 많은 것을 품고 있는지, 겹겹이 그리고 켜켜이 쌓여 있는지, 그 양파껍질은 까도 까도 끝이 없다는 사실을 인지할 순 있잖아. 이런 글은 도대체 정체가 무엇이고, 이걸 이렇게 다 뜯어보는 사람도 있는 거구나, 배우는 이걸 다 생각해 보는 직업이구나, 연기의 세계는 참 복잡하다... 이 정도만 되어도 정말 도움이 된다고 생각해.

슬아 난 문학이 그냥 어떠한 드라마만 보여주는 것이 아니라, 사회의 모든 것이 담겨 있는 집합체라고 봐. 그래서 우리가 그 시대와 문화를 알고 읽는 것과 모르고 그냥 텍스트 안에 있는 드라마만 읽는 것은 분명히 다르다고 생각하거든. 그러니까 이 책을 읽는 사람들은 분명 그런 관점에서 뭐라도 다르게 보이는 것들이 있을 거야. 이 책을 보면서 아는 것이 생기고, 보이는 것이 그만큼 더 많아지면 읽는 재미가 훨씬 더해지지 않을까?

태희   맞아. 난 솔직히 처음 〈갈매기〉를 읽었을 때 정말 재미없었어. 왜? 문화도 너무 낯설고, 인물도 너무 많고, 이름도 길고 복잡해서 너무 헷갈렸어. 그래서 싫어했거든. 근데 지금은 어쨌든 내가 공부하고 나서 알게 된 상황이니까, 확실히 내가 아는 만큼 재미있어진 것 같애. 또, 이 책의 원문이 체호프가 쓴 '검열 전 대본'이잖아. 이후에 수정되었던 부분들이 다시 복원되면서 재미가 더해진 것도 있어. 기존에는 눈에 잘 안 들어왔던 다른 인물들이 더 입체적으로 보이니까 작품 전체가 훨씬 재미있어진 것 같아, 나는.

지은   정말 공감해. 그런 방향으로 재미를 더해주는 것도 이 책이 주는 도움 중에 하나네. 확실히. 우리는 또 출판 기념 공연도 했잖아. 태희 언니는 그때 당시 연출을 맡게 되었는데, 연출로서 이 책을 볼 땐 어떤 도움을 받았는지 궁금해.

태희   훨씬 다양한 해석을 할 수 있는 여지가 많지. 오랫동안 삭제되어 알려지지 않았던 대사가 복원된 부분도 있고, 그로 인해 캐릭터들이 훨씬 더 입체적으로 바뀐 것도 있고. 연출적인 시각으로 봤을 땐 훨씬 더 다양한 〈갈매기〉를 그려볼 수 있는 잠재성이 있는 거지. 그리고 그렇게 공연을 만들었을 때, 관객들이 다양한 시선으로 볼 수 있다는 점에서 매우 의미가 있지.

Q4. 『배우를 위한 갈매기』는 다른 책과 어떻게 다른가?

태희   일단 그동안 우리가 읽을 수 있었던 〈갈매기〉 책들은, 러시아 정부에 의해 검열되고, 초연 실패 후 수정이 진행된 대본이니까, 체호프가 원래 썼던 대본과는 조금 다른 거지. 그리고 희곡을 공연으로 만들려면 어쨌거나 시대적 배경은 물론, 관련 정보를 깊이 있게 알아볼 필요가 있는데, 그런 자세한 정보들이 이 책에 다양하게 들어 있다는 점에서 다르지. 갈매기에 대한 많은 정보가 이 책 안에 있으니까!

슬아 　그런 지점에서 난 우리 책의 정체성이 굉장히 선명하다고 봐. '배역을 창조해야 하는, 인물을 구축해야 하는 배우들에게 도움을 주는 책'이 되겠다는 목표가 명확한 책이니까. 확실하게 읽어줬으면 하는 타겟이 있고, 명확한 의도가 있고. 그래서 제목이 『배우를 위한 갈매기』이고.

지은 　타겟층 이야기가 나와서 말인데, 각자 이 책의 저자로서 가장 명확하고 좁은 타겟을 딱 하나씩만 말해 보는 것도 재밌겠다. 물론 작업을 시작할 때 함께 정하고 시작했지만, 왠지 이렇게 각 잡고 얘기하면 우리끼리도 조금씩 다를 거 같거든.

태희 　희곡은 공연으로 완성되는 거니까, 당연 〈갈매기〉를 공연하려는 모든 사람! 작가 안톤 체호프와 〈갈매기〉가 미치도록 궁금한 사람!

슬아 　배우. 연출가. 그리고 특히 배우를 가르쳐야 하는 사람.

지은 　오! 다르네. 슬아 언니는 확실히 액팅코치 입장으로 바라보네. 재밌다!

슬아 　맞아. 그리고 주로 연극영화학과 전공자들이 되겠지.

지은 　나는 더, 더, 더 좁혀 볼게. 완전 좁게! 나는 연극영화과 입시 준비생들! 나의 첫 번째 대상이야. 상당히 개인적인 이유로. 내가 입시생일 때, 나도 〈갈매기〉 속 대사를 연습하기도 했고, 〈갈매기〉만 죽어라 연습하는 수많은 친구를 봤어. 그때 들었던 의문과 회의감이... 사실 이 작업을 여기까지 끌고 오게 만든 것 같기도 해. 난 그게 궁금했어. 정말 니나는 나쁜 여자고, 아르카지나는 섹시하고, 마샤는 우울하고, 트리고린은 바람둥이인 걸까?

태희 　맞아. 대부분 전형적으로 생각하는 인물의 특징이 딱 정해져 있는 느낌이지. 사실 보는 사람의 주관에 따라 달라질 수 있지만, 나는 내가 그전에 공연을 보면서 재미없다고 느꼈던 부분이 그런 부분이었던 것 같아. 인물들의 전형적인 모습만 보여지고, 그들의 말이 이해가 안 됐어.

지은　그러니까! 근데 '진짜 살아있는 사람'은 입체적이잖아. 상황에 따라 보여주는 모습이 다르고, 정말 다양한 특징과 성격이 있잖아! 내가 언니들이랑 있을 때 보이는 모습, 부모님이랑 있을 때 보이는 모습, 사랑하는 연인과 단둘이 있을 때 보이는 모습이 정말 다 다른 것처럼! 나는 〈갈매기〉 속 인물들도 당연히 입체적인 면이 있을 것 같았어. 작가들이 설마 사람을 단 한 가지 특징만으로 설정할까? 아무리 성격과 주관이 확실해 보이는 인물이라도, 주어진 상황에 따라, 달성해야 하는 자신의 목표에 따라 얼마든지 다른 면모를 보여줄 수 있는 거잖아!

태희　그렇지. 그래서 그 인물의 입체적인 모습을 볼 수 있는 부분들이 사실은 많이 삭제되었단 사실을 우리가 발견하고, 살려내려고 애쓴 거잖아. 그게 진짜 이 책이 의미 있는 지점이지. 〈갈매기〉가 수정된 건 역사적으로 어쩔 수 없는 부분들이 있지만, 이제라도 그것을 복원할 수 있는 기회가 생겼다는 것이 정말 감사한 일이야.

슬아　연출가와 배우들이 원래 체호프의 의도가 뭐였는지 알고, 그다음에 자신들만의 예술적 방향성에 따라 재해석하거나 창조해 나갈 수 있도록 가능성을 열어두고 싶은 거지.

지은　특히, 배우는 대본이라는 텍스트에 집중하잖아. 배역을 창조하려고 대본을 주야장천 들여다보는 배우의 처지에서는, 나의 인물이 말하는 어떤 단어 하나만 달라져도 의문이 100개가 생기곤 하니까.

태희　대본이 전부지.

지은　그게 내가 주목했던 지점이야. 만약에 영미권 작품이면, 영어는 내가 사용할 수 있는 언어니까 작가가 쓴 원문을 그대로 읽으면서 내가 직접 생각해 보고, 해석해 보면 되는데... 러시아어는 못 읽으니까. 답답하지. 그리고 난 항상 그런 걸 원했어. '일단 작가가 쓴 그대로를 내가 읽게 해줘. 판단은 배우로서 내가 할게. 해석과 분석의 옵션을, 선택의 칼자루를 내가 뽑아볼게'라고. 근데 원본이 뭔지 모르니까 추론할 수밖에 없고, 그러다 보면 의도치 않게 원래 작품이나 작가의 의도에서 멀어지게 되는 것 같은 느낌을 받을 때도 있었거든. 그래서 나는 혹여라도 나 같은 생각을 하는 배우들에게 선택권을 주고 싶었어. 그리고 그럴 수 있는 방향을 조금이라도 열어준다는 점에서 우리의 책은 확실히 존재 목적이 다르다고 생각해.

슬아 　물론 우리도 부족한 부분이 많지. 하지만 적어도 작가의 의도가 무엇인지 알고 시작하려는 방향성을 잃지 않아야, 다양한 방향으로의 가치 있는 해석과 재창작이 가능할 거라고 우린 믿는 거지.

Q5. 『배우를 위한 갈매기』가 '분석'에 주목한 이유는?

지은 　배우가 알고 말하는 것, 내 말이 아닌 것을 배역으로서의 내 말로 말하는 것, 이런 것들이 가능한 연기를 하려면 배우가 어떻게 접근해야 할까, 이런 논의를 하다가 분석에 초점을 맞추게 됐지.

태희 　시대극이나 번역극, 어떠한 작품을 만나도 인물의 말이 나의 말이 되려면 어떻게 해야 할까.

슬아 　맞아. 그러다 보니 분석을 통해 '내 말화(배역으로서의 내 말로 말하기)'*의 과정에 좀 더 가까이 다가갈 수 있고, 그게 전부는 아닐지라도 매우 많은 도움을 줄 수 있다는 걸 우리가 생각하게 된 거지.

태희 　난 사실 '분석'이라는 작업을 1차원적으로 생각했었어. 대본에 나온 정보들을 알아내는 정도라고 생각했던 거지. 근데 그게 아니었던 거야. 정보 이상

---

* 배우에게 있어서 '나의 말'을 한다는 것은 작가가 제시한 인물에 대한 모든 정보를 '나의 것'으로 만드는 것을 의미한다. 이를 위해 인물의 개인적 삶과 관련된 모든 역사, 가치관, 철학, 성격, 어휘, 말투와 태도 등 대본에 존재하는 작가의 힌트들을 배우의 이해와 공감의 과정을 통해 배우 자신의 것으로 체화하는 과정이 선행되어야 한다. 이 과정을 통해 비로소 배우는 한 역할로서 모든 행동(대사와 움직임을 포함한)에 대한 정당성을 갖추게 된다. 이 책의 추천 서문 4쪽을 함께 참고하면 좋을 것이다. (각주: 집필 책임자 조한준)

의 고차원적 분석이 필요하다는 걸 알게 된 거지. 대본에 나온 정보들이 인물에게 어떤 사고의 흐름을 가져오는지, 어떤 상태를 불러일으키는지, 이런 것들까지 함께 분석해야 한다는 걸. 분석은 이론이 아니라 실기인 거지.

슬아   대본에서 찾은 정보들, 그리고 거기에서 출발해 확장한 '굉장히 그럴 법하다'라고 판단되는 추론 같은 것들, 그 사이에 생기는 공간을 메우는 일, 내가 맡은 인물에게 영향을 미치는 모든 요소를 알아가는 과정이지. 진짜. 그래서 분석은 해도 해도 끝이 없는 것 같아...

태희   그럴 수도 있어. 이 책이 배우의 '내 말화' 과정에 도움이 되는지 생각해보면, 어쨌든 그래도 이 책에는 많은 정보가 들어가 있잖아. 그리고 그것을 진정으로 이해하게끔 지도의 시작점을 보여주고, 안내해 주고 있단 말이야. 결국 '내 말화'라는 건 내가 아는 만큼, 내 사고를 계속 돌아가게 하면서 하는 말이기 때문에 그나마 이렇게 상세히 사고해 볼 만한 지점을 제공하는 책이라면, 당연히 도움이 되지 않을까? 배우들이 무슨 말인지 정확히 알고 말해야 한다고 다들 생각하지만, 실제로 앞서 말한 1차 정보를 안다고 생각하는 경우가 많거든.

지은   맞아. '이해한다', '알고 말한다'의 기준이 개인마다 너무 다르니까.

태희   국내에서 공연되는 많은 번역극은 말투가 뭔가 다들 굉장히 이질적이잖아. 물론 무대 연기의 화법이나 화술, 말투 같은 것들이 일상과 완전히 같을 순 없지. 그래도 그건 단순한 어투의 문제를 넘어 정말 내 말 같지 않은 말을 하는 경우가 많다고 느껴져. 난 그게 진짜 자기 말이 아니라서 그렇다고 느끼거든. 여러 가지 요인이 있겠지. 정확한 이해를 못 했거나, 인지는 했는데 실연이 안 되거나, 시대적인 것을 흉내만 내려고 했다거나, 분위기만 잡는다거나, 하는 그런 것들. 그러면 이제 정말 무슨 말인지 안 들리게 되는 거야. 듣는 사람도 무슨 말인지 이해가 안 되는 거지. 그런데 실제 우리 일상에서는, 아무리 발음이 안 좋다고 한들, 목소리가 이상한들, 말투가 이상한들 그 사람이 무슨 말을 하려고 하는지 대부분 들리잖아. 사람마다 고약한 언어습관이 있는 때도 있는데, 그런데도 내용이 다 들리는 이유가 뭘까? 나는 말하는 사람이 아주 분명한 의도를 가지고 정확하게 말하기 때문이라고 보거든.

슬아　덧붙여서, 어쨌든 지금 내가 사는 이 시대와 국가의 것이 아닌, 그 외에 다른 나라의 문화나 시대를 연기하게 됐을 때, 그 시대와 그 나라의 문화를 제대로 이해하지 않으면 그 의도와 명확성이 더 흐려지겠지. 언어라는 건 결국 그 문화 자체이기 때문에, 그것을 이해하는 게 곧 대본을 이해하는 거니까. 그 속에 살아있는 배역의 말을 이해하게 되는 거니까.

지은　정말 공감해. 적어도 재해석 없이 그 대본을 그대로 공연하게 되거나, 그 설정을 다 살려서 연관 창작물을 만드는 경우엔 그게 더욱 필요한 것 같아. 정말 그걸 모르는 채로는 배역을 제대로 이해할 수가 없어. 모르는데 어떻게 그 말을 할 거야? 우격다짐으로 그냥 말하는 거잖아. 모르는 채로. 그럼 결국 그건 아는 척해야 하는 거고. 그렇게 되면 절대 진실하게 연기할 수가 없는 거지. '내 말화'가 불가능한 거지.

슬아　그러니까. 결국, 그 '아는 척'을 최소화하려는 노력에 힘을 보탤 수 있지 않을까 싶어, 이 책이. 우린 그게 깊이감 있는 분석이라고 믿은 거고, 그래서 이 책이 '분석'에 집중한 거고.

지은　사실 우리가 공연하려다 너무나 답답해서 이 모든 게 시작됐지. 진짜... 나는 마샤라는 배역을 연기하면서 체호프를 찾아가고 싶더라니까... 마샤는 왜 코스챠를 사랑할까? 그냥? 그래, 그냥일 수도 있지! 근데 진짜 아~무 이유 없이 그냥 보자마자 바로 사랑에 빠진 게 아닐 거잖아. 어떤 계기가 있을 거 아니야! 솔직히 첫눈에 반한다는 것도 '외모'라는 계기에 꽂히는 거라고 볼 수도 있는 거 아냐?

태희　그래. 무조건 이유가 있지.

지은　그렇다면 대본에 나타나지 않은 과거의 어느 순간에, 무조건 접점이 있었을 거 아니냐고... 둘이 무슨 사이였는지 정말 그 진실은 아무도 알 수 없지만,

체호프의 머릿속에만 있었겠지만! 아무튼 마샤라는 한 인간이 자신의 인생을 전부 바쳐가면서, 자신을 망쳐가면서 어떤 한 사람을 그토록 지독하게 사랑하는데, 어떻게 아무 이유가 없을 수 있냐고! 진짜 이유가 없으면 그건 이상한 사람 아닐까.

슬아   근데 정작 작가를 무덤에서 깨워도... 내가 그렇게 썼다고? 아... 뭐였더라? 이럴 수도 있어! 근데 너의 말이 무슨 말인지는 정말 이해가 돼.

지은   게다가 언니들도 잘 알겠지만, 트레플레프가 마샤를 '마셴카'라고도 부른단 말이야. 마셴카가 그냥 이름이 아니야. 애칭이라고! 〈갈매기〉에서 마샤를 마셴카라고 부른 적이 있는 사람은 엄마인 폴리나랑 트레플레프 밖에 없어. 2024년 현재에도 내가 짝사랑하는 상대가 나한테 마음이 없는데 날 '애칭'으로 부르면 그건 유죄라고 하잖아! 아무 이유 없이 그러는 게 아니라고 생각하잖아, 우리 모두! 근데 어떻게, 도대체 어떻게 트레플레프가 마샤를 마셴카라 부르는 게 아무 의미가 없을 수 있겠어?

슬아   그래서 내가 그 얘기를 한 거야. 이건 러시아에서 이름을 부르는 방식을, 그 문화 자체를 모르면 정말 아예 관계성에 대해 생각도 못 해보고 지나칠 수 있는 부분인 거지. 다시 우리가 하고 싶은 얘기로 돌아오자면, '내 말화'가 안 된다는 게 결국 단순하게 번역체의 문제이거나, 그걸 읽는 어투의 문제가 아니란 거지. 흔히 말하는 연극적 어조의 문제가 아닌 거야. 내가 항상 하는 얘기지만, 아는 것을 말할 때는 다르게 들려. 내가 무슨 말을 하는지 알고 말하는 연기는 시대극일지라 해도, 양식화된 언어와 말투를 사용한다고 해도 그 형식에 적응하기만 하면 불편하지 않을 때가 많았어. 관객으로서 무슨 말을 하는지 다 들린다는 거지.

태희   당연하지. 일상의 자연스러운 말투가 아니라도, 알고 말하면 들리지.

슬아   근데 정말 신기한 게, 모르고 말할 때, 그때 딱 느껴져. 안 들리기 시작해. 저 사람이 지금 '내가 무슨 말을 하는지 모르고 있다'라는 게 느껴져.

지은 　그런 면에서 우리 작업이 좀 독특하고 집요하긴 하다.

슬아 　우리가 각기 다른 히스토리를 가지고 살아온 만큼, 되게 다양한 관점으로 볼 수 있다고 생각했지. 태희 언니는 배우의 관점으로, 나는 어문학을 공부했던 사람의 관점으로, 지은이는 교육계에 종사하면서 경험했던 다양한 것들에 관심을 가지는 관점으로, 또는 제삼자의 시각으로. 이 작품을 더 풍성하게 볼 수 있다는 믿음이 있었어. 우리 안에. 그렇지? 사실 그래서 셋이 함께 작업하는 게 좀 더 오래 걸렸고, 그게 특이한 것 같아. 그런 다른 관점을 가지고서도 한 주제와 한 목표를 가지고 썼다는 거 자체가 우리의 장점이면서도 독특한 점이라고 생각하거든.

지은 　맞는 말이다. 세 사람 다 같은 방향성과 목표를 가지고 이 작업을 오랜 시간 함께 했지. 근데 그래도 각자 방점을 두는 어떤 기준점이 좀 달랐을 거라는 생각이 들기도 해서, 물어보고 싶어. 발맞춰서 같이 작업하긴 했지만, 어느 꼭지를 제일 중요하게 생각했는지. 책을 만들어 가는 데 있어서.

태희 　나는 두 가지야. 일단 첫 번째는 체호프의 원고가 검열 및 수정되기 전에 삭제된 것들을 복원하는 것. 그게 나한테 가장 큰 목적이었어. 두 번째는 최대한 직역을 해보는 것. 작가가 수많은 단어 중 특정한 단어를 선택한 데에는 이유가 있을 거로 생각했어. 물론 아닐 수도 있지만.

슬아 　그리고 그 직역을 살렸을 때, 정말 이해가 안 될 것 같은 느낌이다? 그러면 주석을 달았지 우리가. 그게 주된 작업 방식의 기준이었던 것 같아. 난 작업할 때 어쨌든 이 언어가 우리나라 말과 다른 언어 구조를 가진 언어였기 때문에, 동사 변화를 비롯해 성별 표현이나 그런 것들이 혹시 의미 변질에 영향을 미치지 않을까 하는 지점들을 중점적으로 고려했던 것 같아. 그런 것들이 잘못 전달되면 안 되니까. 정말 자세히 보려고 노력했어. 원래 뜻을 오해하게 만드는 요소가 될까 봐. 물론 완벽하게 했다고는 말 못 하지만.

지은 　나는 같은 맥락에서, 우리니리 말로 쓸 때, 단이 선택에 관한 고민을 정말 많이 했어. 다양한 이유로 어투나 어미가 원문과 달라진 부분을 많이 발견했기 때문에. 그런 걸 수정해 보려고 신경을 많이 썼어. 극 중에서 소린이 나이가 많지만, 반드시 '사극에 나올 법한 오래된 말투'를 써야 하는 건 아니잖아? 그런 부분에서 의미 변질이 된다거나 인물의 특성이 굳어져 버리지 않도록 상당히 유의했어. 이런 부분 때문에 이상하다고 느껴지는 부분도 분명히 있겠지. 근데 우리의 의도를 생각해 보면 어쩔 수 없는 부분이 있어. 부디 주석이 도움이 되길 바랄 뿐이지.

슬아   그리고 지극히 한국적인 표현 같은 것들은 최대한 중립적으로 바꿔보려고 하기도 했네.

지은   맞아. 난 앞서 말했듯 배우들한테 선택권의 폭을 넓혀주고 싶었어. 그 마음이 커서 그걸 나의 기준점으로 잡고 작업했던 것 같아. 일단 이 책을 통해서는 원래 텍스트가 어떻게 되어 있는지 알려 줄 테니까, 해석과 활용은 읽는 사람이 알아서 잘 만들어 가봤으면 좋겠다는 생각. 거기에 이제 예술가의 의도가 입혀지면, 작품이 탄생하는 거니까.

Q6. 작업 중 힘들었던 점, 기뻤던 때는?

슬아   나 같은 경우는 연구해서 정보를 종합해야 하는 부분들이 많았잖아. 근데 그거를 막 찾다 보면 정보들이 서로 약간씩 다르고 이럴 때, 결국엔 내가 결론을 내리고 선택해야 하는 부분이 왔을 때. 그때. 이걸 내가 선택하는 게 맞을까? 하는 그런 생각들. 왜냐면 그 어디에도 없던 참고자료였던 게 많잖아. 전반적으로 이런 식의 확신 없음이 되게 날 힘들게 했던 것 같아.

지은   근데 그렇게 생각하기에는 정말... 언니는 정보 찾기 세계 대회를 나가도 될 만큼 정말 최선을 다했고 지구 끝까지 조사했는걸...? 내가 언니를 위해 그 대회를 만들고 싶은 심정인데...

슬아   그렇게 확신이 안 설 땐 너무 마음이 힘들고, 이 책을 계속 작업하는 게 맞나? 출판하는 게 맞나? 이런 생각까지 들어서 정말 괴로웠어. 그래도 과정을 지나오며 내가 내린 결론은 이거야. 그래, 사람들에게 내가 어떻게 연구했는지, 무엇을 궁금해했는지를 나눠주는 책이다, 이건. 사람들이 우리랑 같이 궁금해하고, 더 찾아볼 수 있게 해줘야겠다. 그렇게 한다면 이 책을 내는 의미가 있겠다. 그렇게 생각하니까 위안이 되더라고.

태희 좋네.

지은 태희 언니는 뭐가 제일 힘들었어?

태희 이렇게 시간이 지나고, 아는 것이 많아지면, 점점 더 쉬워질 거라 생각했는데. 오히려 더 많이 알아야 하고, 더 많은 시간이 들어가야 한다는 걸 깨닫게 됐다는 거...?

지은 맞아. 끝이 없다는 생각이 계속 들지. 그래서 내가 이거 이번 생 안에 끝날 수 있는 작업인가... 싶었어.

슬아 진짜 딱 내가 그래! 〈갈매기〉를 하면 할수록 내가 그렇다니까! 그래서 진짜 너무 확신이 안 서는 거지! 근데 좀 이런 생각 들지 않아? 세상에 완벽한 책은 없을 것이다. 모든 작가가 끝이 없다고 생각했을 것이다.

지은 그렇지. 다들 각자의 의미를 찾아서 각자가 할 수 있는 만큼 마무리하고 출판하는 거야.

슬아 이게 완벽한 결과물로 나올 수 있는 것이 아니구나, 라고 생각하게 됐지.

태희 아니 난 처음부터 완벽은 바라지도 않았는데, 생각지도 않았는데... 어쨌든 하면 할수록 그러네.

지은 그래! 심지어 트리고린도 책이 출판되자마자 이건 잘못됐다고 느낀다고 하잖아! 난 뭐가 힘들었을까? 힘든 게 없었니? 왜 생각이 안 니지, 갑자기?

슬아   너는 이런 게 힘들었지 않았을까. 언어적으로. 이것이 잘 전달될까, 어떤 단어를 선택해야 오해가 없을까, 어떤 어미와 문장 구조를 골라야 할까, 이런 거. 네가 말은 안 했지만 그런 부분들이 되게 힘들었을 것 같아. 결단력 있게 선택해야 하는 것들이 정말 많았잖아.

지은   그러네. 원문을 최대한 그대로 번역, 해석해 주되 읽는 사람이 선택할 수 있도록 하려고, 가치 중립적인 걸 선택하려고 애쓰다 보니 그랬던 거 같아.

슬아   중립적으로 가면 이 의미가 이해되나? 아니면 의미를 전달되게 하면 너무 우리의 주관이 들어가나? 이런 것이 고민이고 되게 힘들었지.

지은   아, 또 생각났어. 아직 덜 자란 나에게는 너무 고난이도의 작업이었다는 것. 그리고 이런 것도 있었어. 우리 세 사람이 다 각자의 삶이 있잖아. 그 시간을 다 쪼개서 이걸 해야 했지. 언니들은 두 사람 다 가정이 있고, 아이들도 키우는데 그 바쁜 와중에 이걸 하게끔 내가 계속 쪼는 것만 같아서, 약 3년간 언니들을 내가 괴롭히는 게 아닌가, 그런 게 나는 힘들었어.

슬아   아니야. 난 정말 괴로웠던 타이밍은 딱 한 번이었고, 정말 솔직히 그 외에는 다 재밌었어. 그리고 난 이번에 또 이걸 하면서 확신하긴 했지. 내가 공부를 싫다고 하지만, 공부하면서 얻게 되는 지식을 되게 좋아하긴 하더라고. 그게 너무 재미있고, 희열이 느껴지고.

태희   나도 솔직히 괴롭진 않았어. 그냥 일상이었던 것 같아.

지은   갑자기 궁금하다. 그래도 실질적으로 제일 힘들었던 순간이 언제였어?

슬아   난 그때야. 대본 번역을 끝냈는데 끝난 게 아니었어. 4막까지 해서 우리가 끝!!! 이렇게 했어. 근데 1막을 다시 읽어보니 우리가 진짜 이상하게 해놨어. 그동안 또 성장한 거지. 그래서 결국 그렇게 다시 돌아갔을 때 그때. 근데 내가 사실 4막 하면서 계속 얘기했잖아. 우리 1막 이상하게 했다고. 이상할 줄은 알았는데. 그 정도일 줄이야. 내가 애를 키워 보니까 다시 키우라면 못 키울 것 같은 느낌? 4막까지 겨우 달려왔는데 다시 1막부터 가는 게 너무 괴롭더라고.

태희   나는... 처음 볼 때는 그게 가장 좋은 정답같이 보였는데 며칠 지나면 더 나은 게 보이고 그래서 고치면 또 더 나은 게 생각나고... 이 과정이 한없이 반복될 것 같고, 그래서 결국 끝낼 수 있나? 하는 생각이 드는 게 제일 힘들었어.

지은   그럼 반대로 제일 기쁘고 희열이 느껴졌을 때는 언제였어? 진짜 최고의 한 지점을 고르자면.

태희   나는 대본 초안이 나와서, 배우들 입으로 들어보면서 검토하려고 리딩 했을 때. 확실히 그랬어.

지은   정말 공감하고, 난 그런 생각도 했어. 코스챠는 정말 니나를 사랑할 수밖에 없겠다는 생각. 내가 계속 고민하면서 골라 썼던 단어, 문장, 표현을 글로만 보다가, 배우의 입을 통해 음성으로 들으니 정말 달랐어. 그리고 그 음성을 통해 현실에 존재하는 무언가로 만들어지는 그 느낌이 엄청나더라고. 경험해 본 적 없는 마법 같은 순간이었어. 코스챠도 그랬을 거 같아. 괴로워하면서 쓴 희곡이 배우인 니나로부터 입체화될 때, 얼마나 황홀했을까. 사랑하지 않고는 안 되겠다. 그런 생각.

슬아   나는 완성본 나오면 그럴 것 같은데.

지은   나는 함영준 교수님이 내가 보낸 메일에 답장해 주셨을 때. 만나보자고 해 주셨을 때. 그때가 제일 기뻤어. 정말 잊을 수 없는 순간. 함영준 교수님과의 첫 만남, 그리고 그날 나눴던 대화들.

슬아   그건 정말 인생 전반에 있어서 기쁜 순간이겠다. 진짜.

지은   예전에 정말 감명 깊게 본 연극 중에 〈오스카! 신에게 보내는 편지〉라는 작품이 있는데, 2014년, 대구에서 대학 다니던 시절에 본 거야. 김혜자 선생님의 1인극이고, 순회공연이라고 해서 보러 갔었는데, 그때만 해도 연극과 연기에 대해 아무것도 모르는 때라 정말 그냥 우연히 혼자 예매하고 보러 간 거였어. 난 1인극도 처음이었고, 그렇게 진행되는 연극도 처음 봤어. 보고 난 다음 엄청난 충격을 받았지. 보면서도 펑펑 울었고, 그 영향으로 지금까지 생각하고 있는 버킷리스트가 1인극을 해보겠다는 게 있을 정도니까. 근데 그때의 내가 뭘 알겠어. 연극이 어떻게 만들어지는지도 모를 땐데. 연출이 누군지 이런 건 전혀 찾아볼 생각을 못 했지. 이런저런 얘기를 하다 보니 그 공연을 연출한 사람이 바로 함영준 교수님이라는 거야!!! 진짜 그 순간 '아니 이럴 수가 있나?' 싶으면서, 뭔가 나의 운명이 관통당하는 느낌이 딱 들었어. 그러고는 마셴카가 코스챠에게 꽂혔듯, 나는 이 〈갈매기〉에 꽂혔어. 데스티니! 그래서 그 순간이 가장 행복한 순간으로 각인됐어.

태희   그래, 기억나. 나도 그때 참 좋았어. 의미 있었고. 감사했지.

Q7. 마지막으로 읽는 이들에게 하고 싶은 말이 있다면?

슬아   난 이 작업을 통해서 깨닫게 된 게 있어서, 그 얘길 먼저 하고 싶어. 그게 뭐냐? 머리 쓰면서 책상에 앉아서 분석하는 것만이 분석의 끝이 아니다! 난 이렇게 생각해.

지은   같은 생각이야. 나도 배우로서 분석을 깊이 있게 시작하다 보니 이 책 작업을 시작한 건 맞지만, 책 작업이 끝날 땐 반드시 배우의 연기로 이 분석을 확장하고, 적용하고, 실현해 보는 작업이 필요하다고 강렬히 느꼈어.

슬아   결국 '배우의 분석이라는 건 머리로만, 책상에서만 끝나는 게 아니라, 진짜 내가 이 인물로서 살아 보면서 움직여 보는 것 또한 분석 과정에 모두 포함되는 것이다'라는 결론을 얻게 된 거지. 이 책을 쓰는 과정에서.

태희   희곡은 공연으로 완성된다. 이 말 진짜 많이 하게 된다. 배우라면 다 알고 있는 사실이겠지만, 이 작업을 통해서 확실히 더 체감하고 느낀 것 같아.

지은　핵심은 이거지. 깊이 있는 방대한 분석이 연기에 도움이 된다, 안 된다, 이렇게 논리로 판단하기보다, 마음과 결론을 열어놓고 봐줬으면 한다는 거.

슬아　그래 주면 정말 너무 좋지. 맞아. 읽는 사람들이 이걸 어떤 정답을 제시하는 행위라고 생각하지 않았으면 해. 말하자면 이거야. 장슬아라는 사람이, 김지은이라는 사람이, 김태희라는 사람이 정말 오랜 시간을 들여서 〈갈매기〉를 들여다봤구나. 명확한 근거를 찾아보려 애썼구나, 세상에 떠도는 정보를 모아서 정리하려 노력했구나, 최선을 다해서 연구해 보려고 했구나. 이 사람들은 그랬구나. 그럼 나도 좀 더 알아볼래. 이 사람들이 말하는 게 아닐 수도 있잖아? 라고 하면서 의문도 가져보고. 왜 이 사람들은 이 단어를, 이 말을 이렇게 해석했을까? 라는 의심도 해보면서 자신만의 〈갈매기〉 분석을 또 채웠으면 좋겠어. 우리 책에 여백이 되게 많잖아. 그 여백들을 그냥 두는 게 아니라, 자신만의 연구로 그 공간을 채워가 주면 좋겠다고, 우리 책이 당신들에게 그런 책이 되면 좋겠다고 생각해.

태희　내가 하고 싶은 얘기도 어떻게 보면 슬아가 말했던 거랑 비슷해. 우리가 갈매기에 대한 많은 자료를 공부하고 또 모아서 여기에 정리한 건 사실이지만, 절대 이게 다가 아니라는 거. 그리고 이게 정말 정답이 아닐 수도 있다는 거. 어쨌거나 우리의 분석에 관한 글도 들어 있잖아. 중요한 건, 이것이 정답이라고 생각하고 접근하기보다는, 작품을 바라볼 때 이러한 관점으로, 또는 여러 가지 방향으로 살펴보는 것이 작품을 이해하는 데 이렇게 많은 도움을 주는구나! 라고 생각해 줬으면 해. 또 만약에 읽는 사람이 배우라면, 이런 것들을 알아가면서 연기하는 것과 이전에 하던 방식대로 그냥 연기하는 것과는 그래도 차이가 있구나! 라는 부분들을 알게 되면 좋겠어. 그래서 결국 〈갈매기〉뿐 아니라 다른 작품을 접할 때도, 이런 방식들을 활용해 가면서 자신이 아는 것을 늘려가는 어떤 재미를 알았으면 좋겠다, 그 정도?

지은　난… 읽는 사람들이 우리의 과정이 담긴 이 책을 보면서 용기를 얻고, 격려를 받았으면 해. 그게 진짜 마지막으로 하고 싶은 말이야. 난 〈갈매기〉라는 작품을, 내가 맡은 역할을 너무 사랑해서 여기까지 왔다는 생각이 들거든. 무언가를 진짜 깊이 사랑하면 그렇잖아. 끝없이 생각나고, 궁금하고, 질문이 계속 생기고, 답을 듣고 싶고. 직진밖에 모르게 되잖아. 물론 나도 후진하고 싶을 때가 있었지. 그래도 이 프로젝트는 나에게... 진짜 사랑하면, 아무것도 아닌 내가 이렇게까지도 노력해 볼 수 있구나, 하고 스스로 한계를 깨부쉬보는 시간이었어. 정말! 바로 이런 지점에서 사람들이 용기를 얻었으면 해. 김지은이라는 사람 정말... 우주의 먼지 같은 존재인데... 이런 사람도 뭔가를 사랑한다는 이유 하나만으로 이렇게까지 미친 짓을 할 수가 있네... 그럼 내가 하려고 하는 미친 짓도 왜 하면 안 되지? Why not? 해보자! 이렇게 생각할 수 있음 좋겠다는 거지. 이런 나도 했는데... 당신들도 다 할 수 있다고. 그게 뭐든 간에. 너무 거창한가? 근데 진심이야.

Q8. 『배우를 위한 갈매기』는 ⬚⬚⬚⬚ 다?

지은 유치하지만 마지막으로 해보자. 또 언제 이런 걸 해보겠어.

태희 『배우를 위한 갈매기』는 '날개'다!
높이 날아올라서 좀 더 멀리 볼 수 있게, 좀 더 많이 볼 수 있게 해준다!

슬아 『배우를 위한 갈매기』는 '원석'이다!
읽는 사람들이 잘 다듬고 깎아서 자신만의 보석을 만들어 보기를!

지은 후... 난 출판 전까지 고민해 볼게... (그렇게 차마 생각해 내지 못했다.)

3장

안톤 파블로비치 체호프의
〈갈매기〉

갈매기

Чайка

안톤 파블로비치 체호프
Антон Павлович Чехов

등장인물

이리나 니콜라예브나 아르카지나   남편의 성을 따르면 트레플레바, 배우[1]

콘스탄틴 가브릴로비치 트레플레프[2]   그녀의 아들, 청년

표트르 니콜라예비치 소린   그녀의 오빠

니나 미하일로브나 자레츠나야   젊은 처녀, 부유한 지주의 딸

일리야 아파나시예비치 샤므라예프   퇴역 중위, 소린 영지의 관리인

폴리나 안드레예브나   그의 아내

마샤[3]   그의 딸

보리스 알렉세예비치 트리고린   소설가

예브게니 세르게예비치 도른   의사

세묜 세묘노비치 메드베젠코   교사

야코프   일꾼

요리사

하녀

소린의 영지에서 일어난 일.

3막과 4막 사이에 2년이 지나간다.

■ 인물 관계도와 인물별 호칭 정리

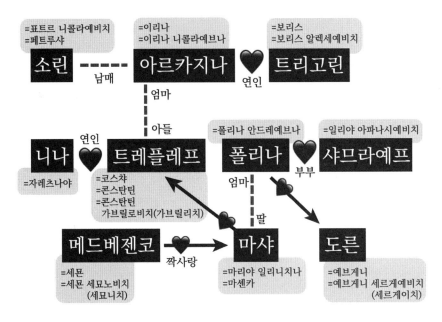

▲ 위 인물 관계도는 1막이 시작되는 지점을 기준으로 함

대본에 나타난 등장인물의 이름 표기가 이름, 성, 부칭 등으로 다양하게 나타나 있어 작품을 처음 읽는 독자라면 혼란스러울 것이다. 하지만 원문을 살펴보면, 작가인 체호프가 애초에 호칭을 각각 달리 썼다는 것을 확인할 수 있다. 따라서 이 책에서는 작가의 의도를 고려해 원문에 나타난 그대로 인물의 이름을 표기했다. 다만, 길고 낯선 러시아 이름으로 인해 이미 고초를 겪는 데다 다양한 호칭까지 더해져 더욱 어려워할 독자들의 노고를 덜어주기 위해, 대본에 나타난 여러 호칭과 이름들을 인물 간의 관계와 함께 정리해 보았다. 위 그림에 나타난 인물 간의 관계는 대본에 명확히 나타난 '사실'만을 정리하였으며, 집필진의 어떠한 해석도 들어있지 않음을 밝힌다. 호칭에 관한 자세한 설명은 이어지는 주석을 참고해 주길 바란다.

1. 배우

러시아어 명사는 여성형, 남성형, 중성형 명사로 성별이 나뉘어 있으며 그에 따라 동사 사용 또한 달라지기도 한다. 아르카지나의 직업을 소개하는 부분에서, 기존 번역서에서는 문자 그대로를 번역하여 대부분 '여배우'라고 되어 있지만, 이 책에서는 성별로 구분하여 명사를 사용하지 않는 한국어의 특성을 고려해 '배우'라고 번역하였다.

2. 트레플레프

기존의 번역서들에서는 '콘스탄틴 가브릴로비치 트레플레프'의 성을 뜨레쁠레프, 뜨레플레프, 트레플레프, 뜨레플료프 등으로 다양하게 표기하고 있다. 이 책에서는 '트레플레프'라고 표기했는데, 이에 관한 설명을 덧붙이고자 한다. 우선, 이 책은 2017년에 개정된 외래어 표기법 규정을 따르고 있으므로 자음 표기에서 된소리가 아닌 거센소리를 사용한다. 따라서 '뜨'나 '쁠'이 아닌 '트'와 '플'이 되는 것이다. 이는 다른 인물의 이름에도 똑같이 적용된다. 다음으로, 끝에서 두 번째 글자인 러시아어 모음 'e'를 '요(ë)'로 읽는지, '에(e)'로 읽는지에 따라 달라지는 '료(ㄹ+ㅛ)'와 '레(ㄹ+ㅔ)'의 경우, '에(e)'로 읽는 것이 맞다고 판단하였다. 두 모음은 글자 위에 점 두 개가 찍힌 것 말고는 표기가 거의 같지만 러시아에서는 명확히 다른 발음으로 사용되는데, 인쇄된 원문을 살펴보면 '요(ë)'로 표기된 것은 없고 오직 '에(e)'로 표기된 것만을 확인할 수 있다. 또한, 읽을 때의 강세가 앞쪽 음절에 있는데 이를 고려하면 '-ㅔ프'로 읽는 것이 맞다는 자문위원의 자문에 따라 이와 같이 표기하게 되었다.

■ 러시아 인명 체계에 관한 추가 설명

러시아의 인명 체계는 역사에 따라 변화해 왔으며 현재는 '이름 - 부칭 - 성'의 형태로 정착되었다. 여기서 부칭이란 아버지의 이름에 특정 접미사인 '-오비치(-ович)', '-에비치(-евич)', '-이치(-ич)'를 붙여 '~의 아들', '-오브나(-овна)', '-에브나(-евна)', '-이치나(-ична)', '-이니치나(-инична)'를 붙여 '~의 딸'이라는 뜻을 나타내는 것이다. 갈매기의 등장인물 중 남성인 '콘스탄틴 가브릴로비치 트레플레프'를 예로 살펴보면, 아래와 같이 분석해 볼 수 있다.

이름	콘스탄틴
부칭	가브릴로비치 (아버지의 이름인 '가브릴(Гаврил)'에 접미사 '-오비치(-ович)'를 붙여 가브릴의 아들이라는 뜻을 지닌 '가브릴로비치(Гаврилович)'가 되었다.)
성	트레플레프

또 다른 등장인물 중 여성인 '니나 미하일로브나 자레츠나야'를 예로 살펴보면 다음과 같다.

이름	나나
부칭	미하일로브나 (아버지의 이름인 미하일(Михайл)에 접미사 '-오브나(-овна)'를 붙여 미하일의 딸이라는 뜻을 지닌 '미하일로브나(Михайловна)'가 되었다.)
성	자레츠나야

또한, 성씨는 성별에 따라 서로 다른 형태를 취하는데, 기본적으로 부계를 따르며 결혼한 여성은 남편의 성씨를 따른다. 보통 아버지(또는 남편)의 성씨에 -ㅏ(-a)를 붙여 변형되고, 이는 앞서 1번 주석에서 언급한 성별에 따른 명사 변형 규칙과 같은 방식으로 이해할 수 있다. 일부 성씨는 성별에 따라 바꾸지 않고 그대로 사용하는 예도 있다. 나나의 성씨인 '자레츠나야'는 아버지의 성씨로 추정되는 '자레츠니(Заречный)'의 변형이라 볼 수 있다.

■ 러시아인의 다양한 호칭과 지소체에 관한 이해

〈갈매기〉뿐만 아니라, 러시아 희곡에서는 사람을 하나의 이름만으로 부르지 않고, 서로 다양한 방식으로 부르는 모습을 찾아볼 수 있다. 성을 부르는 경우, 이름만 부르는 경우, 이름과 성을 부르는 경우, 이름과 부칭을 부르는 경우, 이름과 부칭, 그리고 성을 함께 붙여 부르는 경우, '지소체'로 부르는 경우들이 그 예시이며, 서로 쓰임새가 다르다.

'지소체'라는 것은 약칭의 개념으로, 러시아 인명의 '이름' 부분에 나타나는 독특한 특징이다. 이는 단순히 이름을 줄이는 방식, '지소체형성접미사'를 붙여 부르는 방식 등 다양한 형태로 나타난다. 완전한 이름으로 부르는 형태는 주로 공식적인 용도로 쓰이고, 일상 대화에서는 거의 지소체를 사용하여 이름을 부른다. 지소체의 중요한 의의는 덧붙이는 지소체형성접미사의 의미에 따라 부차적인 의미가 부여되고, '관계적 뉘앙스'를 부여한다는 것이다. 지소체를 어떤 측면에서 접근하고 또 어떤 의미로 해석해야 할지에 대한 의견이 분분하지만, 분명한 것은 '상대에 대한 말하는 사람의 감정이 포함된다'라는 것이다. 따라서, 상대방을 어떤 호칭으로 부르는지를 살펴보면 친밀도 등과 같은 인물 간의 관계를 짐작해 볼 수 있다. 이를 고려하여 갈매기에 나타난 호칭별 의미를 정리하면 다음과 같다.

콘스탄틴 가브릴로비치 트레플레프	
트레플레프 (성)	당사자가 함께 있지 않은 상황에서 그를 칭할 때 타인들이 사용하는 것으로, 제삼자를 칭한다. 함께 마주하는 사람을 이 호칭으로 부르는 것은 실례이다.
콘스탄틴 (이름)	친근한 사이일 때 부르는 호칭이다.
콘스탄틴 트레플레프 (이름 + 성)	가장 일반적인 호칭이다.
콘스탄틴 가브릴로비치 (이름 + 부칭)	예의를 갖추어야 하는 상황에서 사용하는 호칭이다.
콘스탄틴 가브릴로비치 트레플레프 (이름 + 부칭 + 성)	공식적인 자리나 서류 등에서 사용하는 호칭이다.
코스챠 (지소체)	이름 '콘스탄틴'의 지소체 중 하나로, 일종의 애칭이다.

3. 마샤

체호프가 쓴 1896년의 대본에서도, 마샤는 오직 '마샤'라고만 적혀 있었기에 그대로 번역하여 표기하였다. 마샤의 이름은 원래 '마리야'인데, 앞서 설명한 지소체 개념으로 인해 '마샤'로 표기되었다. '마리야'라는 이름은 100개 이상의 지소체를 가지고 있다고 알려져 있는데, 그중에 '마샤(Маша)'와 '마셴카(Машенька)'가 있다. '마샤'는 '마리야'의 단순 약칭이며, '마셴카'는 접미사 '-옌카(-енька)'가 덧붙여짐으로써 정감을 표시하는 뉘앙스가 더해진 것이다. 이는 특히 유아적 기분의 표시이기도 하다. 대화 자체에 대한 좋은 감정을 표현할 때도 이 접미사를 사용한다.

1막

소린 영지[4]에 있는 공원의 일부분.
객석으로부터 호수로 향하는 방향을 따라 공원 안쪽 깊이 이어지는 폭이 넓은 가로수 길,
집에서 하는 연극을 위해 급하게 구성된 무대로 막혀 있다.
그로 인해 호수는 완전히 보이지 않는다.
무대의 왼쪽과 오른쪽에는 관목 숲. 의자 몇 개, 탁자.
나무에 색 조명으로 장식이 되어 있다.
방금 해가 지기 시작했다.
막이 내려져 있는 무대 뒤에 야코프와 다른 일꾼들.
기침과 두드리는 소리가 들린다.
마샤와 메드베젠코가 산책에서 돌아오며 왼쪽에서 걸어온다.

메드베젠코 왜 당신은 항상 검은 옷을 입고 다녀요?

마샤 이건 내 인생의 상복[5]이에요. 난 불행해요.

메드베젠코 왜요? (깊이 생각하며) 이해가 안 돼요... 당신은 건강하고, 당신의 아버지가 그다지 넉넉하진 않지만, 충분하죠. 난 당신보다 훨씬 힘겹게 지내요. 난 한 달에 고작 23루블[6]을 받고, 거기다 퇴직금[7]까지 빠져나가요, 하지만 그래도 난 상복은 안 입어요.

그들은 앉는다.

마샤 돈에 관한 문제가 아녜요. 그리고 가난한 사람도 행복할 수 있어요.

메드베젠코 그건 이론에서고, 현실은 이렇게 됩니다. 나, 어머니, 두 자매[8] 그리고 남동생, 그리고 월급은 겨우 23루블, 고양이가 흘린 눈물만큼이죠. 어쨌든 먹고 마셔야죠? 차와 설탕도 필요하죠? 담배도 필요하죠? 어제 밀가루를 사려고 자루를 이리저리 찾는데, 거지들이 훔쳐 가 버렸어요. 새 걸 위해서 15코페이카를 줘야 했어요. 이러니 제자리를 맴도는 거죠.[9]

4. 소린 영지

보통 러시아 귀족 영지의 크기는 약 29,380평 정도로 알려져 있는데, 이것은 축구경기장 약 13개를 붙여놓은 크기라고 볼 수 있다.

5. 상복

19세기 후반에 활동한 기 드 모파상(Guy de Maupassant, 1850-1893)의 작품 〈벨 아미(Bel Ami)〉에 나오는 구절을 빌린 표현이다. 주인공이 사랑하는 연인에게 버림받은 후 검은 옷을 입었는데, 그 이유를 질문받자 '삶을 애도하는 나이에 이르렀다'라고 대답한다.

집필진의 분석 노트   영국의 러시아 문학 학자 도널드 레이필드(Donald Rayfield, 1942-)는 그의 저서 〈Anton Chekhov: A Life〉와 〈Understanding Chekhov: A Critical Study of Chekhov's Prose and Drama〉에서 〈갈매기〉가 잔혹한 패러디로 가득하다고 말한다. 〈갈매기〉 전반에 걸쳐 다른 작가와 작품에서 모티브를 따 모방하거나, 직접적으로 언급하고 드러내며 자신의 의도를 보여주는 부분을 여럿 찾을 수 있기 때문이다. 그가 말하는 '잔혹한 패러디'에 해당하는 몇 가지 흥미로운 사례를 공유하자면 다음과 같다.

1) 헨릭 입센(Henrik Johan Ibsen, 1828-1906) 〈들오리〉
제국 극장의 위원회는 처음 〈갈매기〉라는 제목을 보았을 때, 헨릭 입센의 작품 〈들오리〉에 대한 지지를 보내는 것으로 생각했다고 한다. 하지만 정작 체호프는 트레플레프가 죽인 갈매기를 통해 현실의 추한 면을 문학적으로 미화하는 걸 풍자하려 했다고 한다.

2) 모파상 〈벨 아미〉, 〈물 위에서〉
주석 5번에 쓰인 것과 같이, 1막 첫 장면에서 마샤와 메드베젠코가 나누는 대화 속 표현을 〈벨 아미〉에서 가져왔다. 또한, 2막에서 아르카지나가 읽는 책을 모파상의 기행문 〈물 위에서〉로 설정하여 직접 드러냄으로써, 아르카지나-트리고린-니나 관계의 서막을 간접적으로 나타내기도 한다.

3) 셰익스피어(William Shakespeare, 1564-1616) 〈햄릿〉
트레플레프-아르카지나-트리고린의 관계는 셰익스피어의 작품 〈햄릿〉에 등장하는 햄릿-거트루드-클로디어스의 관계와 매우 닮아있다. 체호프는 〈갈매기〉뿐만 아니라 그의 다른 작품들에서도 〈햄릿〉을 자주 등장시킨다. 주석 54번을 함께 참고하면 좋을 것이다.

4) 게르하르트 하웁트만(Gerhart Hauptmann, 1862-1946) 〈한넬레의 승천〉
1막에서 니나가 연기하는 트레플레프의 희곡은 하웁트만의 작품 〈한넬레의 승천〉의 한

마샤   (무대를 돌아보며) 곧 연극이 시작될 거예요.

메드베젠코   네. 자레츠나야가 연기할 것이고, 콘스탄틴 가브릴로비치가 희곡을 썼습니다. 그들은 서로 사랑하고 있고, 오늘 그들의 영혼은 같은 예술적 형상을 주기 위한 의지 안에서 결합될 것입니다. 그런데 내 영혼과 당신의 영혼은 공통의 접점이 없어요. 난 당신을 사랑해요, 그리움으로 인해 집에 앉아 있을 수가 없어서, 매일 여기로 6베르스타[10]를, 그리고 반대로 6베르스타를 걸어서 왔다 갔다 하는데 당신의 방향으로부턴 오직 인디퍼런티즘[11]만 마주하게 됩니다. 이해됩니다. 난 재산은 없고, 가족은 많고... 자기 먹을 것도 없는 사람과 누가 결혼을 하겠어요? 불행한 반쪽이죠.

마샤   쓸데없는 소리. (코담배[12]를 한다) 당신의 사랑은 날 감동하게 하지만, 나는 보답할 수 없어요. 그게 다예요. (그에게 코담배 갑을 내민다) 하세요.[13]

메드베젠코   원치 않습니다.

사이.

마샤   후덥지근하니, 분명 밤에 뇌우[14]가 올 것 같아요. 당신은 항상 철학적인 말이나 돈에 관해 이야기해요. 당신 생각대로면 가난보다 더 큰 불행은 없는 것 같지만, 내 생각에는 누더기를 입고 구걸하며 다니는 게 천 배 더 쉬워요... 하지만, 당신은 그걸 이해할 수 없겠죠...

오른쪽에서 소린과 트레플레프가 들어온다.

소린   (지팡이에 의지하며) 난, 얘야, 어쩐지 시골과 맞지 않는 것 같아, 그리고, 분명한 건[15], 절대 난 이곳에 익숙해지지 않을 거야. 어제 10시에 누워서 오늘 아침 9시에 눈을 떴는데, 이런 느낌이야, 마치 긴 수면 때문에 내 뇌가 머리뼈에 들러붙은 것 같고 막 그래.[16] (웃는다) 그리고 점심 먹은 후에 무심코 다시 잠들었지, 지금 난 완전히 망가졌어, 악몽을 겪고 있지, 끝끝내[17]...

장면에서 모티브를 얻어 쓴 글이다. 의붓아버지의 학대에 못 이겨 연못에서 자살하려는 소녀 한넬레가 죽음 직전에 보게 되는 환상에 관한 장면이다. 하웁트만은 자연주의 작가로 알려져 있지만, 이 작품은 그가 상징주의로 전환하기 시작한 시기에 쓴 과도기적 작품으로 알려져 있다.

6. 23루블

옛 러시아에서는 은괴를 잘라 화폐로 사용하곤 했는데, 이를 기원으로 하여 '자르다'라는 뜻을 가진 동사 '루비치'를 어원으로 '루블'이라는 화폐 단위가 생겼다.

집필진의 분석 노트 메드베젠코의 월급인 23루블이 어느 정도인지 알기 위해 진행한 집필진의 리서치 내용을 공유한다. 19세기 후반 러시아 광부는 약 40루블, 섬유업계 노동자는 약 15루블 정도의 월급을 받았다고 전해진다. 당시의 화폐가치와 물가상으로는 1루블로 통밀 14kg 정도를 살 수 있었다고 한다. 2024년 현재, 러시아의 온라인 마켓에서 확인할 수 있는 통밀 14kg의 가격은 약 980루블이다. 궁금해할 독자들을 위해 현재 화폐가치와 물가를 비교해 딱 잘라 얼마쯤이라고 말해주고 싶었지만, 국가 간 환율 차이, 시기별 상이한 물가상승률, 거래품목 간 달라지는 가격변동 등이 상당히 불규칙하여 단순 비교의 결괏값 산출은 매우 어려웠음을 밝힌다.

7. 퇴직금

번역은 '퇴직금'으로 되어 있으나, 이것은 일반적으로 통용되는 퇴직 시 일괄 지급되는 금액이 아니다. 노령연금을 위해 매월 월급에서 자동이체로 공제되는 금액을 뜻한다.

8. 두 자매

원문에는 '두 자매'라고만 쓰여 있다. 여동생인지 누나인지에 대한 정보는 알 수 없다.

9. 이러니 제자리를 맴도는 거죠.

메드베젠코가 경제적으로 어려운 자신의 삶을 한탄하는 말로, 기존의 번역서에서는 경제적으로 힘들다, 방법을 찾을 수가 없다 등의 맥락으로 번역된 경우가 많다. 원문을 살펴보면, '제자리에 서서 빙빙 돌며 회전하고 있다'라는 의미로 표현되었기에, 원문의 의미를 살려 이같이 번역하였다. 후에 3막에서도 같은 표현이 등장한다.

10. 6베르스타

베르스타는 과거 러시아에서 사용하던 길이(거리) 단위이다. 1베르스타는 약 1.067km에 해당한다. 메드베젠코는 마샤를 만나러 편도 6베르스타를 걷는다고 말하는데 이는 약 6.4km이며, 되돌아가는 것까지 고려하면 총 12.8km, 거의 13km를 매일 걸은 셈이다. 2024년 4월의 서울 지형을 기준으로, '서울특별시청(중구 세종대로 110)' 정문에서 '국립중앙박물관(용산구 서빙고로 137)'까지의 거리(약 6.4km)를 오직 도보 경로로 왕복 이동하는 것과 같다.

11. 인디퍼런티즘
기존의 번역서에서는 '당신은 무관심하다, 냉담하다' 정도의 표현으로 번역되었다. 하지만 원문을 살펴보면 '인디퍼런티즘(индифферентизм)'을 마주한다는 표현으로 쓰여 있고, 이는 무관심하다는 뜻으로 상용되는 단어와는 다른, 철학적 표현이다. 이 책에서는 그 표현을 그대로 사용한 작가의 의도를 반영해 번역하였다.

12. 코담배

기존 번역서에서는 '담배 냄새를 맡는다'라고 번역된 것이 대부분이지만, 원문을 살펴보면 마샤는 일반적인 연초 담배를 피우는 것이 아니라, '코담배'를 한다는 것을 알 수 있다. 실제로 영어 번역본에서도 코담배를 뜻하는 스너프(snuff)로 번역되어 있다. 코담배는 작은 담뱃갑에 담아 다니는 미세하게 갈린 담뱃가루를 코로 흡입하거나, 위의 그림처럼 잇몸, 코 밑, 코점막 등에 직접 가루를 발라가며 즐기는 무연담배다. 17~18세기쯤 유럽에서 유행하며 귀족들이 주로 애용했다고 알려져 있으며 연기가 없어 간접흡연의 피해가 없다는 특징이 있다. 체호프의 작품뿐만 아니라 여러 러시아 문학에서 자주 찾아볼 수 있는 요소이다.

13. 하세요.
기존 번역서에서는 "하실래요?"와 같이 의문문으로 번역된 것이 많지만, 원문에 나타난 바를 문장부호까지 최대한 그대로 살려 번역하였다.

14. 뇌우

원문에 따르면 천둥, 번개를 동반하는 비를 뜻하는 단어로 표현되어 있기에 이에 대응하는 단어인 '뇌우'로 번역하였다.

15, 16, 17. 분명한 건, 막 그래, 끝끝내

작품 전체에 걸쳐 소린의 말을 자세히 살펴보면, '분명한 건', '끝끝내', '막 그래', '그게 다야'와 같은 표현이 반복적으로 나온다. 다른 인물과 달리 소린이 자주 사용하는 말, 언어적 습관으로 볼 수 있으며 원문에 나타나 있는 부분이기에 해당 부분을 그대로 살려 번역하였다.

트레플레프 정말이에요. 삼촌은 도시에서 살아야 해요. (마샤와 메드베젠코를 보고) 여러분, 시작할 때 여러분을 부를게요, 지금은 여기 있을 수 없어요. 나가주세요, 제발.

소린 (마샤에게) 마리야 일리니치나, 부탁인데, 아버지께 개를 풀어달라고 요청해 줘, 안 그러면 계속 울부짖어. 누이가 또 밤새 못 잤대.

마샤 직접 말씀하세요. 지금 창고에 수수[18]가 있어서, 개가 없으면 도둑이 들 거라고 말하던데요.

트레플레프 젠장, 수수는 무슨!

마샤 아버지께 직접 말씀하세요. 전 안 할 거예요. 됐어요. (메드베젠코에게) 가요.

메드베젠코 (트레플레프에게) 그렇다면 시작하기 전에 사람을 보내 알려주세요.

두 사람은 나간다.

소린 결국, 또 밤새 개가 울부짖겠네. 들어봐. 난 시골에서 결코 한 번도 내 마음대로 지내본 적이 없어, 모든 게 다 그래. 수수니, 개니, 말들은 방앗간에 가서 없다느니. 전에도, 28일간 휴가를 받아 그저 푹 쉬려고 여기로 왔었어, 하지만 그때도 이런 식으로 수수, 귀리 따위로 못살게 굴어서, 첫날부터 벌써 떠나고 싶었지. (웃는다) 항상 난 기쁘게 여길 떠났었어... 음, 지금은 갈 곳이 없어졌어, 끝끝내. 원하든, 원하지 않든, 살아야지.

야코프 (트레플레프에게) 콘스탄틴 가브릴리치[19], 우린 수영하고 올 거예요.[20]

트레플레프 좋아요, 다만 10분 후엔 모두 자리에 있어야 해. (시계를 보며) 이제 곧 시작할 거예요.

18. 수수

수수는 러시아에서 주식으로도 활용되고, 가축 등의 사료로도 쓰이는 중요한 곡식이다. 샤므라예프가 수수 관리, 즉 곡식 관리를 중요시한다는 것을 알 수 있는 대목이다.

19. 가브릴리치

트레플레프의 정식 부칭(43쪽 참고)은 '가브릴로비치'다. 하지만 비공식적으로 친밀감을 표현하기 위해 '-이치'를 붙여 '가브릴리치'라 부르기도 한다. 도른과 메드베젠코도 이와 같은 방식으로 불리는 것을 찾아볼 수 있다.

20. 우린 수영하고 올 거예요.

기존의 번역서에서는 씻는다, 멱을 감는다, 목욕한다 등과 같은 표현으로 번역한 경우가 많다. 원문에 나타난 단어 그대로를 번역하였다.

야코프   알겠습니다. (나간다)

트레플레프   (무대를 둘러보면서) 바로 이게 극장이에요. 막, 그다음엔 첫 번째 측면 막, 그다음엔 두 번째, 그리고 그다음엔 빈 공간. 무대 장치는 없어요. 호수와 수평선의 경치가 그대로 펼쳐집니다. 막은 정확히 8시 30분에 올라가요, 달이 떠오를 때.

소린   굉장하네.

트레플레프   만약 자레츠나야가 늦으면, 당연히, 모든 효과는 사라져요. 그녀가 이미 와 있어야 할 시각이에요. 아버지와 계모가 그녀를 지키고 있어서, 그녀가 집으로부터 빠져나오는 게 정말 어려워요, 마치 감옥처럼요. (삼촌의 넥타이를 고쳐주며) 머리와 수염이 헝클어졌어요... 이발하셔야겠어요, 아니면 뭐든...

소린   (수염을 쓰다듬으며) 내 인생의 비극이야. 젊었을 때도 나는 바로 이런 외모였지, 마치 진탕 마신 것 같은. 난 여자들한테 한 번도 사랑받은 적이 없어. (앉으며) 왜 누이는 마음이 좋지 않은 거니?

트레플레프   왜냐고요? 지루한 거죠. (옆에 앉으며) 질투하는 거예요. 엄마는 이미 내게 적대적이고, 공연에 반대하고, 내 희곡에 반대해요, 왜냐면 그녀의 글쟁이[21]가 자레츠나야를 마음에 들어 할 수도 있으니까요.[22] 엄만 내 희곡을 알지 못하지만, 이미 싫어해요.

소린   (웃는다) 그건 정말 네 생각이야...

트레플레프   엄마는 이미 화가 났어요, 바로 이 작은 무대에서 그녀가 아닌 자레츠나야가 성공을 거둔다는 것 때문에. (시계를 들여다본다) 엄마는 심리학적으로 기이한 사람이에요. 의심할 여지 없이 재능 있고, 똑똑하고, 책을 보다가 울 수도 있고, 네크라소프[23]를 전부 외울 수도 있고,

21. 글쟁이

원문을 살펴보면, 트레플레프는 트리고린을 칭할 때 가벼운 글이나 소설 따위를 쓰는 작가를 뜻하는 단어를 사용한다. 이것은 트리고린이 자신을 작가라고 부를 때나, 다른 인물이 트리고린을 소설가라고 부를 때 사용되는 단어와는 다른 느낌의 단어이다. 이러한 맥락을 반영해, 이 책에서는 작가를 낮잡아 부르는 용어인 '글쟁이'라는 단어를 사용해 번역하였다.

22. 그녀의 글쟁이가 자레츠나야를 마음에 들어 할 수도 있으니까요.

원문에 나타난 그대로 번역하였다. 이후 이 구절은 러시아 정부의 검열관에 의해 수정되었는데, 검열 이후의 대본에서는 '자레츠나야가 성공을 거두는 게/연기하는 게 질투가 난다'라는 방향으로 바뀌었다.

23. 네크라소프

네크라소프(Николай Алексеевич Некрасов, 1821-1878)는 러시아의 포퓰리즘 시인이다. 자신의 영감을 '복수와 우울의 뮤즈'라고 칭한 바 있으며, 그의 시는 억압받는 대중, 고통받는 농민, 정의에 관한 호소 등으로 유명하다. 1880년대 자유주의 모임에서 응접실 낭송용으로 자주 활용되곤 했다.

환자들을 보살피죠, 천사처럼요, 하지만 엄마 앞에서 두세[24]를 칭찬하려고 해보세요! 오호-호! 우린 오직 그녀 한 사람만을 칭찬해야 하고, 그녀에 관해서만 쓰고, 〈동백꽃의 여인〉[25]이나 〈삶의 매연〉[26]에서 그녀의 비범한 연기에 열광해야 하고, 소리쳐야 해요. 하지만 여기 이런 시골에는 엄마의 마취제가 없으니, 지루해하고 화를 내는 거죠. 다 우리 잘못인 거죠. 게다가, 미신[27]을 믿어서 숫자 13을 두려워하죠. 엄마는 구두쇠예요. 오데사[28]의 은행에 7만 루블이 있죠. 난 확실히 알아요. 그리고 내가 빌려달라고 부탁하면, 엄마는 울기 시작할 거예요.

소린   호라티우스[29]는 말했지. Genus irritabile vatum![30] 넌 엄마가 너의 희곡을 좋아하지 않는다고 상상한 거고, 이미 걱정 같은 걸 하고 있어. 진정해, 엄마는 널 열렬히 사랑해.

트레플레프 (꽃잎을 뜯으며) 사랑한다, 사랑하지 않는다, 사랑한다, 사랑하지 않는다, 사랑한다, 사랑하지 않는다! 보세요, 엄마는 날 사랑하지 않아요. 당연해요! 엄마는 살아가고, 사랑하고, 밝은색 블라우스를 입고 싶어 하는데, 난 벌써 25살이고, 그리고 난 언제나 엄마에게 그녀가 더 이상 젊지 않다는 걸 상기시키죠. 내가 없을 땐, 32살에 불과하지만, 내 옆에선 43이고, 그래서 날 싫어하는 거예요. 엄마는 내가 연극을 인정하지 않는다는 것 또한 알고 있어요. 엄마는 연극을 사랑하고, 인류와 신성한 예술에 봉사하고 있다고 생각하는 것 같지만, 내가 보기엔 현대 연극[31]은 구태의연하고, 편견 그 자체예요. 막이 오르고 저녁 조명 아래, 세 개의 벽으로 된 방에서, 위대한 재주꾼들과 신성한 예술의 성직자들이 어떻게 사람들이 먹고, 마시고, 사랑하고, 자신의 재킷을 입는지 묘사할 때, 저속한 장면과 구절에서 작고, 이해할 만하고, 가정 생활에 유용한 도덕을 꺼내려고 할 때, 천 가지 변화들도 내겐 모든 게 똑같고, 똑같고, 똑같을 때, 난 달아나고 또 달아나요, 마치 모파상이 자신의 뇌를 누르는 저급한 에펠탑으로부터 달아난 것처럼요.[32]

소린   극장[33] 없이는 안 돼.

24. 두세
엘레오노라 두세(Eleonora Duse, 1859-1924)는 유명한 이탈리아의 대배우이다. 1891년 처음으로 러시아 순회공연을 하였는데, 그때 체호프는 그녀의 클레오파트라 연기를 보았고, 강렬한 인상을 받았다고 한다.

25. 〈동백꽃의 여인〉
프랑스 소설가 알렉상드르 뒤마 피스(Alexandre Dumas Fils, 1824-1895)의 작품이다. 그는 〈몽테크리스토 백작〉과 〈삼총사〉를 쓴 알렉상드르 뒤마(Alexandre Dumas, 1802-1870)의 아들이다. 프랑스 원제는 〈La Dame aux Camélias〉이며 한국에서는 〈춘희〉라는 제목으로 번역되어 공연된 바 있다. 이 책에서는 원문 표현에 최대한 가깝게 번역하였다.

26. 〈삶의 매연〉
러시아 작가 볼레스라프 마르케비치(Болеслав Михайлович Маркевич, 1822-1884)의 3부작 소설 중 2부작을 토대로 쓰인 희곡이다. 기존 번역서들에서는 '속세의 아귀다툼', '삶의 투쟁', '불로장생의 영약' 등 제목이 제각각이다. 원문 표현 그대로를 직역한다면 '삶의 냄새' 또는 '삶의 매연(유독 가스)'이 되는데, 이 책에서는 1883년 러시아 문학 잡지에 실린 이 작품에 관한 비평과 그에 나타난 표현을 참고하여 '삶의 매연'이라고 번역하였다.

27. 미신
아르카지나는 미신을 믿기 때문에 숫자 13을 불길한 숫자로 여기는데, 이 미신에 관한 유래는 기독교의 영향이 가장 크다. 기독교에서 13은 예수 그리스도와 12명의 제자를 나타내는데, 특히 마지막 만찬에서 유다의 배신을 상징하는 숫자로 여겨지며 배신과 불운을 상징하는 숫자가 되었다. 이 책의 원문에서는 이렇게만 나와 있지만, 이후 수정되어 공연된 대본에서는 '촛불 세 개와 숫자 13을 무서워한다'라는 방향으로 바뀌게 되고, 기존 번역서들에서는 이렇게 수정된 문장으로 번역된 것을 살펴볼 수 있다. 참고로, 러시아에서는 촛불 세 개를 불길한 징조로 여기는데, 러시아 풍습 중 경야(죽은 사람을 장사 지내기 전 가까운 친척들이 밤새 관을 지키는 것)에서 시체의 머리맡에 두 개의 초를, 발 쪽에 하나의 초를 태우기 때문이다. 따라서 만약 초 세 개가 타고 있으면 불길함을 피하기 위해 하나는 반드시 꺼야 한다고 믿는다.

28. 오데사

오데사는 현재 우크라이나의 도시이며, 19세기 중반부터 20세기 초반까지 러시아 제국의 영토였다. 1795년 러시아 황제 예카테리나 2세(Екатерина II, 1729-1796)의 명령으로 건설되었고 중요한 항구 도시로서 지역 경제 발전과 무역의 중심지 역할을 했다.

29. 호라티우스

1세기 전후 로마 시기에 활동한 시인이다. 본명은 퀸투스 호라티우스 플라쿠스(Quintus Horatius Flaccus)로, 그의 시는 귀족들 사이에서 큰 인기를 끌었으며, 로마의 가장 중요한 문학 작품 중 하나로 평가받는다. '카르페 디엠(Carpe Diem)'이라는 유명한 구절도 호라티우스의 시에 처음 등장한 것이다. 호라티우스의 작품은 유쾌하고 익숙한 언어, 세련된 작문 스타일, 지혜롭고 현명한 조언 등이 특징이며, 이후 서양 문학에도 큰 영향을 미쳤다.

30. Genus irritabile vatum!

'제누스 이리타빌레 바툼'으로 읽는다. '과민한 시인들의 종족'이라는 뜻이다. 호라티우스는 이 문구를 자신과 같은 시인들을 설명하기 위해 사용했으며, 그가 시인들을 예민하고 공격적인 성향을 지닌 사람들로 생각했다는 것을 보여준다. 그는 자신의 작품에서 이러한 성향과 특징을 강조하며, 시인들의 어려움을 담담하게 묘사했다.

31. 현대 연극

집필진의 분석 노트 　트레플레프가 소린에게 하는 '현대 연극'을 비판하는 말을 통해, 그가 반사실주의적 예술관을 가지고 있음을 짐작할 수 있다. 그는 기존의 연극에서 사람들이 어떻게 먹고 마시는지를 묘사하거나, 저속한 장면들에서 도덕성을 꺼내려 할 때나, 그 어떤 변화도 똑같다고 느껴질 때 달아나 버리고 싶다고 말한다. 이것은 무대 위의 행위가 일상생활을 재현하는 것에 목적을 두고 이를 믿게 하려 노력하는 '사실주의'를 비판한다고 볼 수 있다. 또한 트레플레프가 비판하는 '세 개의 벽으로 된 방'이라는 말은, 드니 디드로가 말한 '제4의 벽'을 떠오르게 하기도 한다. '제4의 벽'은 무대란 하나의 방이고, 한쪽 벽이 관객을 위해 제거된 것이며 관객과 배우 사이에는 가상의 '벽'이 존재한다는 것을 의미하는데, 이것은 사실주의 연극 양식에 많은 영향을 미쳤다. 체호프는 〈갈매기〉를 집필하면서 그의 친구 수보린에게 편지로 자신이 쓰고 있는 작품을 '무대 조건에 상응하지 않는', '기존의 모든 드라마 규칙을 거스르는 것이라며 설명하였는데, 이를 통해 체호프가 생각하는 새로운 연극 형식에 대한 방향성이 트레플레프의 작품관에 반영되었음을 짐작해 볼 수 있다. 또한, 당시 스타 시스템의 경영이 성행해

관객들은 주로 유명한 스타를 보기 위해 극장을 찾았다는 점을 고려한다면, 트레플레프의 말을 통해 아르카지나가 그 시대 연극에 최적화되어 살아온 유명한 배우, 즉 '스타'임을 추론할 수 있다.

32. 모파상이 자신의 뇌를 누르는 저급한 에펠탑으로부터 달아난 것처럼요.

프랑스 사실주의 작가로 유명한 모파상은 유명한 작품을 많이 남겼지만, 인생 후반기에 성과 쾌락을 탐닉하다 매독에 걸렸고, 이로 인해 시신경이 손상되고 신경증을 앓으며 고통받다가 사망하였다. 또한, 그는 파리의 경관을 해치고 물질주의의 저속한 산물이라며 에펠탑 건설을 반대한 것으로 유명하다. 에펠탑이 보이지 않는 유일한 레스토랑을 찾아 그곳에서 식사했다는 비공식적인 이야기가 전해지기도 한다.

33. 극장

원문에 나타난 단어를 살펴보면 연극 또는 극장으로 번역될 수 있는 단어이다. 이 책에서는 앞서 현대 연극의 표현 양식과 극장의 형태를 비판한 트레플레프의 말을 고려해 맥락상 '극장'으로 번역하였다.

트레플레프   새로운 형식[34]이 필요해요. 필요한 건 새로운 형식이고, 만약 그게 없
          다면, 아무것도 없는 게 낫죠. (시계를 본다) 난 엄마를 사랑해요, 매
          우 사랑해요, 하지만 엄마는 흡연하고, 음주하고, 그 글쟁이와 공개적
          으로 동거해요. 그녀의 이름이 끊임없이 신문에서 오르내리죠. 그리고
          그건 날 지치게 해요. 가끔 평범한 인간의 이기주의가 내 안에서 말해
          요, 애석한 일이야, 나의 엄마가 유명한 배우라는 게, 만약 그녀가 평
          범한 여자라면, 아마 난 더 행복했을 텐데. 삼촌, 이보다 더 절망적이
          고 바보 같은 상황이 있을 수 있을까요. 엄마를 방문하곤 했던 손님
          전부가 모두 유명인들, 예술가와 작가고, 그들 사이에서 오직 나 혼자
          만 아무것도 아닌데, 그들은 오직 내가 그녀의 아들이라는 것 때문에
          참아줬어요. 난 누구죠? 난 뭐예요? 사정이 있어 3학년에 대학을 그만
          뒀어요, 다들 말하듯, 편집부의 소관을 벗어난 이유[35]로요, 재능도 없
          고, 돈 한 푼 없고, 여권에 따르면, 난 키예프의 소시민[36]이에요. 내 아
          버지는 키예프의 소시민이었지만, 또한 유명한 배우였어요. 그래서, 엄
          마의 응접실에 있는 모든 그 예술가들과 작가들이 내게 호의적인 관심
          을 보일 때면, 그들이 자신의 시선으로 나의 하찮음을 재고 있다는 걸
          느꼈고, 난 그들의 생각을 짐작하고는 모멸감으로 괴로웠어요.

소린   그나저나, 얘기 좀 해봐, 그녀의 소설가는 어떤 사람이니? 알 수가 없
          어. 늘 조용해.

트레플레프   똑똑하고 평범한 사람이에요, 약간, 뭐랄까, 우울하죠. 아주 점잖아요.
          아직 마흔 살이 되지도 않았지만, 그는 벌써 유명하고 배가 부르고,
          배가 불러서 지쳤죠... 그래서 그는 오직 맥주만 마시고 나이 든 사람
          만 사랑할 수 있어요.[37] 그 사람의 작품에 관해선, 어떻게 얘기할 수
          있을까요? 괜찮고, 재능있고, 하지만... 톨스토이[38]나 졸라[39] 다음에 트
          리고린을 읽고 싶진 않을 거예요.

소린   하지만 나는, 얘야, 작가들을 사랑해. 난 한때 두 가지를 간절히 원했
          어. 결혼하고 싶었고, 작가가 되고 싶었지만, 어느 것도 성공하지 못했
          어. 그래. 그래서 끝끝내 보잘것없는 작가라도 된다면 좋지.

34. 새로운 형식

집필진의 분석 노트   체호프가 〈갈매기〉를 창작한 시기인 19세기 말 러시아의 문예사조는 시대적 상황에 따라 큰 변화를 겪었다. 낭만주의의 몰락, 사실주의의 급부상, 상징주의의 합류로 혼돈의 시기를 맞이하게 되었는데 특히 상징주의 예술가들이 활발히 움직이기 시작하며 신구 대립이 첨예했다고 한다. 하지만 연극은 낭만주의가 사실주의에 자리를 내어 준 후에도 한동안 낭만주의식 멜로드라마의 구조를 유지하고 있었는데, 당시 인기를 끌었던 잘 짜인 멜로드라마는 주도면밀한 인과 관계, 전개, 구성 등을 강조하며 위기극의 형식을 띠고 있었다. 앞서 트레플레프가 지겹다고 비판했던 '현대 연극'에 이어, 이것 역시 지양하고자 했던 연극 양식임을 짐작해 볼 수 있겠다. 체호프도, 트레플레프도 기존에 유지되던 전통적인 드라마 구조에 반하는 '새로운 형식'을 추구했던 것이다. 후에 이어지는 대화에서, '연극에는 반드시 사랑이 있어야 한다'라고 생각하는 니나에게, 트레플레프는 '삶은 있는 그대로' 표현하면 안 된다는 것을 역설한다.

35. 편집부의 소관을 벗어난 이유

이 표현은 당시 러시아 언론계에서 널리 사용되었던 표현으로, 검열로 인해 삭제된 구절을 대체하기 위해 쓰였다. 이러한 표현을 트레플레프가 자신의 말에 그대로 인용함으로써, 그가 대학 시절 반사회적 활동으로 인해 학교를 그만두게 되었으며, 그 사정을 위와 같은 구절로 빗대어 표현한다는 것을 짐작할 수 있다. 기존 번역서들에서 이 구절은 대부분 '어쩔 수 없는 상황', '사정', '부득이한 사정' 등으로 번역되어 있다.

36. 키예프의 소시민

키예프는 아주 오래전부터 상공업으로 유명한 러시아의 도시였으나 소비에트 정권 수립 후 우크라이나의 중심지가 되었으며, 현재는 독립한 우크라이나의 수도가 되었다. '키예프의 소시민'의 원어는 'киевский мещанин'인데, 여기서 мещанин은 소시민, 평민이라는 뜻을 지닌 단어지만, 단순히 계급을 의미하는 문자 그대로의 해석과 더불어 키예프와 같은 작은 도시, 즉 지방 사람들의 속물근성이나 좁은 식견, 편협함 등을 비난하는 맥락이 포함된 표현이라 볼 수 있다. 또한, 자신의 여권에 기록된 내용을 직접 언급하는 트레플레프의 말에서, 트레플레프의 아버지는 평민 출신이었으며 그의 아들인 트레플레프 역시 평민이자 소시민이라는 것을 알 수 있다.

37. 그래서 그는 오직 맥주만 마시고 나이 든 사람만 사랑할 수 있어요.

기존의 번역서들에는 이 책과 농일하게 번역한 잭도 있고, 이 문장이 아예 누락된 책도 있다. 각각의 번역서에서 원문으로 선택한 대본이 달랐기 때문으로 짐작되며, 이 책은 검열 전 대본에 나타난 그대로를 번역하였다. 기록에 따르면, 검열 이후 "이제 그는 맥주만 마시고 여자와의 우정만 있으면 돼요."로 대체되었다.

38. 톨스토이

레프 니콜라예비치 톨스토이(Лев Николаевич Толстой, 1828-1910)는 러시아를 대표하는 사실주의 작가이자 세계적인 문호이다.

39. 졸라

에밀 졸라(Émile Édouard Charles Antoine Zola, 1840-1902)는 프랑스를 대표하는 자연주의 작가이자 시인, 비평가, 언론인으로 '행동하는 지식인'의 상징 같은 사람이다.

10년 전 언젠가 배심원 재판에 관한 기사를 쓴 적이 있어. 지금 그걸 생각하면 난, 알겠지만, 즐거워. 하지만 한편으론 법무부에서 28년간 일한 걸 떠올리기 시작하면, 어쨌든 그건, 좋지 않아... (하품한다)

트레플레프 (귀를 기울인다) 발소리가 들려요... (삼촌을 껴안는다) 그녀 없인 살 수 없어요... 그녀의 발소리조차 아름다워... 미칠 듯이 행복해요... (등장하는 니나 자레츠나야를 맞이하러 서둘러 간다) 마법사, 나의 꿈...

니나 (흥분해서) 저 늦지 않았어요... 확실히, 늦지 않았어...

트레플레프 (그녀의 양손에 키스하며) 네, 네, 네...

니나 하루 종일 걱정되고, 너무 무서웠어요! 아버지가 날 보내주지 않을까 봐 두려웠어요... 하지만 아버진 지금 새어머니와 함께 출발했어요... 하늘은 붉고, 벌써 달은 뜨기 시작하고, 그래서 난 말을 몰고, 몰고... (웃는다) 하지만 난 기뻐요. (소린의 손을 꽉 잡는다)

소린 (웃는다) 눈이, 우는 것 같은데. 에헤이! 좋지 않아요!

니나 이건 그러니까... 보이시죠, 숨쉬기가 얼마나 힘든지. 30분 뒤에 떠나야 해서, 서둘러야 해요. 안 돼요, 안 돼요, 제발 붙잡지 마세요. 아버진 몰라요, 내가 여기에 있는지.

트레플레프 정말, 이제 시작할 때예요. 가서 모두를 불러와야 해요.

소린 내가 갈게. 지금 당장. (오른쪽으로 걸어가며 노래한다) "프랑스로 두 척탄병이..."[40] (돌아보며) 언젠가 한 번 내가 이렇게 노래하기 시작했더니, 한 검사가 내게 말했어, "당신은, 목소리가 강렬해요...", 그 후에 생각하더니 덧붙였지. "하지만... 역겨워요." (웃으며 나간다)

40. "프랑스로 두 척탄병이..."

로베르트 슈만(Robert Alexander Schumann, 1810-1856)의 가곡 중 〈두 명의 척탄병 (Die Beiden Grenadiere)〉이라는 노래의 첫 구절로, 하인리히 하이네(Heinrich Heine, 1797-1856)의 시에 슈만이 곡을 붙인 노래이다.

니나	아버지와 그의 아내는 내가 여기 오는 걸 허락하지 않아요. 말하죠, 여기가 보헤미안스럽다고[41]... 두려워해요, 내가 배우가 될까 봐. 하지만 난 여기 호수에 끌려요, 갈매기처럼... 내 마음은 당신으로 가득해요. (주위를 돌아본다)
트레플레프	우리뿐이에요.
니나	누군가 저기 있는 것 같아요...
트레플레프	아무도 없어요. (키스한다)
니나	이건 무슨 나무예요?
트레플레프	느릅나무.
니나	왜 이렇게 어두워요?
트레플레프	벌써 저녁이라, 모든 물체가 검게 보여요. 일찍 떠나지 말아요. 부탁할게요.
니나	안 돼요.
트레플레프	그러면 만약 내가 당신에게 간다면, 니나? 밤새 정원에 서서 당신의 창문을 바라볼게요.
니나	안 돼요. 경비가 당신을 알아차릴 거예요. 트레조르[42]가 아직 당신에게 익숙하지 않아서 짖을 거고요.
트레플레프	난 당신을 사랑해요.
니나	쉿!

41. 보헤미안스럽다고

전통적인 관습 등에 얽매이지 않는 자유분방한 사람들의 특성을 일컫는 표현으로, 어원은 프랑스어로 '보엠(Bohême)'이다. 15세기경 체코의 보헤미아 지방에 유랑하는 집시들이 많이 살고 있었는데, 이때부터 프랑스인들은 집시를 '보헤미안'이라고 불렀으며, 19세기 후반부터는 자유분방한 방랑자, 예술가 등을 가리키는 표현으로 사용되었다. 부정적 의미로는 직업이 없거나 불규칙하고 헤픈 생활을 하는 사람들을 가리키기도 하고, 때로는 자유분방한 생활 그 자체를 뜻하기도 한다.

42. 트레조르

니나의 집에서 기르는 개의 이름으로, 프랑스어로 보물(Trésor)이란 뜻을 지니고 있다.

집필진의 분석 노트 〈갈매기〉뿐만 아니라, 러시아 문학 작품에서는 프랑스 소설가를 언급하고, 프랑스 소설을 낭독하고, 프랑스 노래를 부르고, 프랑스어로 이야기하는 등 프랑스 문화와 관련된 부분이 상당히 많이 나타난다. 이에 관해 러시아의 역사적, 시대적 배경을 살펴볼 필요가 있다. 1682년부터 1725년까지 러시아를 통치한 표트르 대제는 개혁을 위해 귀족들에게 유럽식 복장을 권하고 유학을 독려했다. 당시 고상하고 정중한 언어라는 인식이 강했던 프랑스어는 유럽 전역에 걸쳐 유행 중이었고, 그 영향으로 18세기 러시아 귀족들 사이에서는 사교 모임에서 프랑스어로 대화하는 문화가 생겨났다. 또한, 18세기에 발생한 프랑스 대혁명 이후 갈 곳을 잃은 프랑스 귀족들이 뿔뿔이 흩어져 외국으로 피신하였는데, 이때 러시아로 향한 프랑스인이 약 15,000명에 달했다고 전해진다. 이러한 것들의 영향을 받아 18~19세기 러시아에서는 프랑스 문화에 대한 동경이 유행처럼 퍼졌고, 러시아 귀족들이 프랑스어를 널리 사용하게 되었으며, 이는 자연스레 러시아 문학 작품 속에 녹아들게 되었다. 실제로 트레조르는 체호프의 친구 수보린이 기르는 개의 이름을 그대로 사용한 것이다.

트레플레프 (발소리를 듣고) 거기 누구야? 당신, 야코프?

야코프 (무대 뒤에서) 맞습니다.

트레플레프 등불을 켜고 제자리에 가요. 때가 됐어요. 달이 떠오르나요?

야코프 맞습니다.

트레플레프 알코올 있나요? 유황도 있나요? 붉은 두 눈이 나올 때, 유황 냄새가 나야 해요. (니나에게) 가요, 저기 모든 게 준비됐어요. 떨려요?

니나 네, 엄청. 당신 어머닌, 괜찮아요, 난 그녀는 두렵지 않아요, 하지만 트리고린이 있어서... 그 앞에서 연기하는 게 두렵고 부끄러워요... 유명한 작가... 그는 젊은가요?

트레플레프 네.

니나 그의 소설은 얼마나 멋진지!

트레플레프 (차갑게) 모르겠어요, 안 읽었어요.

니나 당신 희곡은 연기하기 어려워요. 그 안엔 살아있는 인물이 없어요.

트레플레프 살아있는 인물! 삶은 있는 그대로가 아니라, 마땅히 그래야 하는 대로가 아니라, 그것이 꿈속에 나타나는 대로 묘사해야 해요.

니나 당신의 희곡은 행동이 거의 없고, 오직 낭독뿐이에요. 그리고 희곡에는, 내 생각엔, 반드시 사랑이 있어야 해요...

　　　　두 사람은 무대 뒤로 나간다. 폴리나와 도른 들어온다.

폴리나 습해지고 있어요. 돌아가서, 칼로시[43]를 신으세요.

43. 칼로시

러시아 양식의 전통적인 부츠나 신발을 가리킨다. 보통 고무로 만들어진 낮은 굽과 넓은
발볼을 가지고 있으며, 내구성이 강하고 방수 기능이 있어 더러워지거나 흠집이 생겨도
오랫동안 사용할 수 있다. 러시아의 농촌이나 시골에서는 칼로시가 많이 사용되며, 특히
습한 환경이나 눈이 많이 오는 겨울철에 효과적이다. 이 책에서는 원어 그대로의 발음을
살려 '칼로시'라고 표기하였다.

도른	난 더워요.
폴리나	당신은 자신을 돌보지 않죠. 그건 고집이에요. 당신은 의사고 습한 공기가 당신에게 해롭단 걸 잘 알고 있지만, 내가 괴로워하길 원해서, 일부러 어제저녁 내내 테라스에 앉아 있었어요...
도른	(흥얼거린다) "말하지 마라, 청춘을 망쳤다고"[44]
폴리나	당신은 이리나 니콜라예브나와의 대화에 빠져서... 추위를 알아차리지 못한 거죠. 인정하세요, 당신은 그녀를 좋아해요...
도른	난 55세예요.
폴리나	그건 아무것도 아니에요. 남자에겐 늙은 나이가 아니니까요. 당신은 훌륭하게 보존되었고 여자들은 여전히 당신을 좋아해요.
도른	그래서 당신은 뭘 원해요?
폴리나	여배우 앞에선 당신들 모두 엎어질 준비가 돼 있죠. 전부 다!
도른	(흥얼거린다) "나 또다시 그대 앞에..."[45] 만약 사회에서 배우들을 사랑하고, 예를 들어, 상인들과 그들을 다르게 대우한다면, 그건 옳은 거죠. 그게 이상주의예요.
폴리나	여자들은 항상 당신과 사랑에 빠졌고 목에 매달렸어요. 이것도 이상주의[46]인가요?
도른	논리적 비약이네요. (어깨를 으쓱하고) 음? 여자들과 나의 관계는 좋은 점이 많았어요. 난 주로 훌륭한 의사로서 사랑받았죠. 10~15년 전, 당신도 기억하겠지만, 이 지역 전체에서 나는 단 한 명의 훌륭한 산부인과 의사였어요. 그리고 난 항상 정직한 사람이었죠.

44. "말하지 마라, 청춘을 망쳤다고"

도른이 부르는 노래는 앞서 언급된 바 있는 시인 네크라소프의 시에 곡을 붙인 집시들의 노래이다.

> **집필진의 분석 노트** 도른은 노래를 자주 흥얼거린다. 이 책에 나타난 도른의 노래에 관한 정보는 원문에 쓰인 가사에 기반을 두고 해외 번역서에 나타난 여러 정보까지 참고하여 정리한 것이다. 단순히 사실을 고증하는 데 목적을 두기보다는, 배우의 역할창조를 위한 연구의 실마리를 제공하기 위해 도른의 노래에 관해 주석을 기록하게 되었다.

45. "나 또다시 그대 앞에…"

도른이 흥얼거리는 두 번째 노래는 1880년대 러시아에서 유행하던 가요 중 하나이다. 구체적으로 어떤 가요였는지에 관한 더 상세한 정보는 찾을 수 없었다.

46. 이상주의

사전적 의미에 따르면, 이상주의는 '인생에 의의를 이상, 특히 도덕적, 사회적 이상의 실현에 두는 태도'를 말하거나, '현실적 가능성을 무시하는 공상적이거나 광신적인 태도'를 의미한다.

> **집필진의 분석 노트** 도른은 사람들이 자신들의 이상주의로 인해 배우를 상인과 다르게 대우한다면 그건 옳은 거라고 말하고 있다. 2막에서 내가 트리고린과 대화하며 사람들이 자신을 전차에 태우고 다닐 것이라 말하는 장면에서도 배우에 대한 사람들의 이상주의를 의식한 표현을 확인할 수 있다.

폴리나   (그의 손을 잡고) 내 사랑!

도른   조용. 사람들이 와요.

소린의 팔짱을 낀 아르카지나, 트리고린, 샤므라예프, 메드베젠코, 마샤가 들어온다.

샤므라예프   1873년 폴타바[47]의 정기 시장[48]에서 그녀는 기막힌 연기를 했어요. 정말 황홀했죠! 놀라운 연기였어요! 당신도 알고 싶지 않나요, 희극 배우 차진, 파벨 세묘니치[49]가 지금 어딨는지? 그의 라스플류예프[50]는 타의 추종을 불허했어요, 사도프스키[51]보다 더 좋았죠, 당신께 맹세해요, 대단히 존경하는 부인. 그는 지금 어디에 있나요?

아르카지나   (앉는다) 누구?

샤므라예프   차진, 파벨 세묘니치!

아르카지나   당신은 늘 홍수 이전의[52] 배우들만 물어보네요. 내가 어떻게 알아요!

샤므라예프   (한숨을 쉬고) 파슈카 차진! 이제 그런 건 정말 없습니다. 무대가 무너졌어요, 이리나 니콜라예브나! 예전엔 튼튼한 참나무들이 있었지만, 지금 우리는 오직 그루터기들만 보고 있을 뿐입니다.

도른   훌륭한 재능을 가진 사람이 지금은 거의 없어요, 그건 사실이죠. 하지만 중간 수준의 배우는 훨씬 더 좋아졌어요.

샤므라예프   당신에게 동의할 수 없습니다. 하지만, 이건 취향의 문제죠.

트레플레프가 무대 뒤에서 나온다.

메드베젠코   (소린에게) 그리고 유럽이 결과를 얻기 전에, 인류는, 플라마리온[53]이 쓴 것처럼, 지구 반구의 냉각 때문에 소멸할 거예요.

47. 폴타바

현재는 우크라이나의 도시이다. 1709년 표트르 대제가 스웨덴 군대를 격파한 역사적인 '폴타바 전투'가 바로 이곳에서 일어났다.

48. 정기 시장

원문을 살펴보면 정기적으로 열리는 규모가 큰 시장을 의미하는 단어이므로 이처럼 번역하였다.

49. 차진, 파벨 세묘니치

집필진의 분석 노트   체호프는 편지에서 희곡 〈갈매기〉에는 문학에 관한 많은 대화가 오고 간다고 언급한 바 있다. 샤므라예프 역시 누구보다 적극적으로 이러한 대화에 참여하며 자신의 취향과 입장을 이야기하고 있는데, 그가 최고로 높이 평가하는 희곡 배우 '파벨 세묘니치 차진'은 러시아 연극사에서 쉽게 찾기 힘든 인물이다. 반면 샤므라예프가 '차진'보다 못하다고 평가하는 '사도프스키'는 아버지와 아들이 모두 연극배우로 활동했던 유명한 배우로, 모스크바 말리 극단의 대표적인 희극 배우였다. 이후 3막에서 거론하는 '수즈달체프'나 '이즈마일로프'같은 배우들 역시 별 볼 일 없는 지방극장의 무명 배우들로 알려져 있다.

50. 라스플류예프

수호보-코브일린(Александр Васильевич Сухово-Кобылин, 1817-1903)의 희곡 〈크레친스키의 결혼(Свадьба Кречинского)〉에 등장하는 인물이다.

51. 사도프스키

러시아 배우 '미하일로비치 예르밀로프(Михайлович Ермилов, 1818-1872)'의 예명이다. 1839년부터 죽을 때까지 모스크바의 말리 극단의 일원이었다.

52. 홍수 이전의

기존 번역서들에서 '까마득한 옛날', '역사 이전에', '화석 같은', '태곳적 일' 등의 표현으로 번역된 구절이다. 이 책에서는 원문 그대로를 번역해 '홍수 이전의'라는 표현을 사용했다. 여기서 말하는 '홍수'란 성경에 나타난 '노아의 방주' 이야기 속 홍수를 가리킨다. 인간의 죄를 모두 씻어내고 새로운 세상을 열기 위해 온 세상을 뒤엎어 버린 홍수를 뜻하며, 기원전에 발생한 일이라고 기록되어 있다. 따라서 '노아의 홍수 이전'이라는 표현은 새로운 시작을 의미하는 홍수를 기준으로 그 이전, 즉 '오래된 시기나 상태', '인류 역사에서 오랜 시간이 흐른 기간'을 가리킨다. 이는 종교적 표현이므로, 러시아 정교회가 국교였던 러시아의 기독교적 문화를 반영한 표현이라 볼 수 있다. 러시아어에도 '태곳적의 것, 옛날의, 오래된 것'이라는 의미에 해당하는 단어가 여럿 있지만, 아르카지나의 말에 나타난 표현은 '노아의 홍수 이전의'라는 의미를 내포하는 단어이기 때문이다.

53. 플라마리온

프랑스 천문학자 니콜라스 플라마리온(Nicolas Camille Flammarion, 1842-1925)을 가리킨다. 그는 주로 심리학, 천문학, 공상과학, 영매술, 심령, 환생과 같은 주제를 연구했으며 관련 주제에 관한 작품을 포함해 약 50개 이상의 저서가 있다. 많은 학자가 플라마리온의 저서와 사상에 영향을 받았으며, 달과 화성의 분화구를 지칭하는 '플라마리온'이라는 단어가 바로 이 사람의 이름을 따 지은 것이다. 그가 살았던 시대, 즉, 〈갈매기〉가 쓰인 시대에 굉장히 명성이 높았던 작가이자 천문학자이다.

소린   신은 자비로우셔.

마샤   (트리고린에게 담뱃갑을 내밀며) 해보세요. 당신은 항상 그렇게 말이 없나요, 아니면 가끔 말하나요?

트리고린   네, 가끔 말해요. (담뱃갑 냄새를 맡고) 역하네요. 당신은 어떻게 이런 걸 할 수 있는지.

마샤   그리고 당신은 친절한 미소를 가졌어요. 분명 소박한 사람일 거예요.

아르카지나   사랑하는 아들, 언제 시작하니?

트레플레프   잠시 후에요. 인내심을 가지시길 바랄게요.

아르카지나   (〈햄릿〉⁵⁴ 중에서 암송한다) "내 아들아! 너는 내 눈을 내 영혼으로 돌렸고, 나는 그것을 피투성이, 치명적인 궤양 안에서 보았다, 구원은 없도다!"

트레플레프   (〈햄릿〉 중에서) "그리고 무엇을 위하여 당신은 악덕에 굴복하였고, 죄의 심연에서 사랑을 찾았나요?"

뿔피리가 무대 뒤에서 연주된다.

여러분, 시작합니다! 주목해 주세요!

사이.

제가 시작합니다. (막대기를 두드리고, 무대 양쪽 덤불에서 두 개의 그림자가 나타난다) 존경하는 그림자들이여! 밤마다 이 호수 위를 표류하는 여러분, 우리를 잠재우고 이십만 년 후에 있을 일을 꿈꾸게 하소서!

54. 〈햄릿〉

아르카지나와 트레플레프가 서로 작품 〈햄릿〉 속 대사를 인용하여 대화하는 부분이다. 체호프의 여러 작품에서 햄릿에 관한 이야기나 인용을 꽤 자주 확인할 수 있다.

* 트레플레프의 희곡에 관하여

앞서 주석 5번 아래 '집필진의 분석 노트'에서 언급한 바와 같이, 영국의 러시아 문학 학자 도널드 레이필드에 따르면 이 희곡은 하웁트만의 작품 〈한넬레의 승천〉에서 모티브를 얻어 쓴 글이다.

집필진의 분석 노트   레이필드의 저서를 읽으며 트레플레프의 희곡이 어디서 비롯되었는지에 대한 의문이 어느 정도 해소되었지만, 집필진은 트레플레프의 희곡이 무엇을 말하고자 하는지, 좀 더 구체적으로 어떤 의미인지에 대한 의문을 조금 더 파헤쳐보기 위해, 〈갈매기〉에 나타난 정보에 기반을 두고 체호프가 쓴 트레플레프의 작품이 탄생하기까지 어떠한 것들의 영향을 받았을지에 대한 몇 가지 주관적인 분석을 시도해 보았다. 혹시나 궁금할 누군가를 위해, 위 주석과 함께 주관적 기록을 함께 남긴다.

〈주관적 분석 #1〉 우선, '삶은 있는 그대로가 아니라, 마땅히 그래야 하는 대로가 아니라, 그것이 꿈속에 나타나는 대로 묘사해야' 한다며 현대 연극을 비판하는 그의 말들을 살펴보면, 트레플레프는 확실히 반사실주의적 예술관을 가지고 있음을 알 수 있다. 그중에서도 특히 '상징주의'의 영향을 많이 받은 것으로 추론해 볼 수 있는데, 그의 희곡 작품에 나타난 상징적 키워드(영혼, 빛, 악마, 물질성, 영원성 등)들이 상징주의 철학자 블라디미르 솔로비요프(Владимир Сергеевич Соловьёв, 1853-1900)를 비롯한 많은 러시아 상징주의자들이 자주 사용하던 표현이기 때문이다. 또한, 상징주의 작품들은 보통 줄거리나 드라마가 없고 정적이며, 모호함, 추상성, 신비주의에 대해 논하거나 같은 표현을 세 번씩 반복하는 특징 등이 있는데, 이것들은 트레플레프의 희곡에서도 쉽게 찾아볼 수 있는 특징들이다.

〈주관적 분석 #2〉 트레플레프의 희곡이 혹시 플라마리온의 영향을 받아 창작된 글은 아닐까? 실제로 〈갈매기〉가 쓰인 시대에, 플라마리온(53번 주석 참고)의 영향을 받은 예술가들과 작가들이 많았다는 이야기가 있다. 실제로 그러한지가 궁금할 누군가를 위해, 플라마리온의 저서 중 일부를 발췌해, 영어 번역본을 기반으로 한국어 번역을 적어 보았다. 읽다 보면 영혼, 유령, 현현, 환상 등 트레플레프가 희곡에서 쓴 것과 유사한 소재를 발견할 수 있다. 물론 체호프가 진정 플라마리온의 글을 인용하여 작품을 쓰고, 트레플레프라는 인물을 구축하는 것에 그것을 반영하였는지, 그 진위를 알 수 있는 기록은 전혀 없다. 하지만 이러한 분석이, 아르카지나의 표현을 빌려 조금은 '데카당'한 트레플레프의 작품을 이해하는 데 작게나마 도움이 되지 않을까?

영혼이 육체의 파괴에서 살아남는다는 것은 의심할 여지가 없다. 그러나 그들이 교령회*의 과정에서 그들 자신을 나타낸다는 실험적 방법은 아직 절대적 증거를 주지 못해왔다. 나는 이 가설이 전혀 가능성이 없다고 덧붙인다. 만약 죽은 자의 영혼이 우리 주변에 있다면, 우리 행성에 있다면, 우리가 지구 자체에서의 환생을 인정하지 않는 한, 우리 행성에서 눈에 보이지 않는 인구*는 하루에 10만 명, 1년에 3,600만 명, 1세기에 30억 6,200만 명, 10세기에 360억 명 등의 비율로 증가할 것이다. 유령 또는 현현(顯現)은 몇 번이나 발생하는가? 환상, 자기 암시, 환각이 제거되면 무엇이 남는가?

* 교령회(交靈會, seance)는 영매자의 개입하에 하나의 탁자를 둘러싸고 죽은 자와의 소통을 도모하는 의식으로, 1840년대에 미국에서 출현해 50년대 유럽의 부르주아들을 열광시킨 바 있다.

* '눈에 보이지 않는 인구'는 '유령'을 의미한다.

Camille Flammarion, 『Mysterious Psychic Forces』, Kessinger Publishing.
pp. 406–454. ISBN 978-0766141254, 1909

그림자들이 인사를 하고 사라진다.

소린 이십만 년 후에는 아무것도 없을 거야.

트레플레프 그렇다면 바로 아무것도 없는 걸 우리에게 묘사하게 하면 돼요.

아르카지나 그래라. 우리는 잘 거야.

막이 오른다.
호수의 모습이 펼쳐진다.
달은 수평선 위에 있고, 물에 반사되어 보인다.
큰 바위 위에 니나 자레츠나야가 앉아 있고, 온통 흰 옷이다.

니나 인간, 사자, 독수리, 그리고 자고새, 뿔 달린 사슴, 거위, 거미, 물속에 사는 말 없는 물고기, 불가사리 그리고 눈으로 볼 수 없는 것들, 한마디로, 모든 생명, 모든 생명, 모든 생명이 슬픈 순환을 마치고, 사라졌다... 이미 수천 세기 동안 지구는 단 하나의 생명체도 가지고 있지 않았고, 이 초라한 달은 헛되이 자신의 등불을 밝히고 있다. 초원에서는 더 이상 두루미의 비명으로 잠 깨지 않으며, 보리수 숲에서는 5월의 딱정벌레 소리가 들리지 않는다. 춥다, 춥다, 춥다. 공허하다. 공허하다. 공허하다. 두렵다, 두렵다, 두렵다.[55]

사이.

살아있는 것들의 몸은 먼지 속으로 사라지고, 영원한 물질은 그것들을 돌로, 물로, 구름으로 바꾸었지만, 그 모든 것들의 영혼은 하나로 합쳐진다... 세계 공통의 영혼, 그것은 나... 나... 내 영혼 안에는 알렉산더 대왕, 시저, 셰익스피어, 나폴레옹, 가장 최하등의 거머리도 있다. 내 안엔 인간의 의식과 동물의 본능이 합쳐졌고, 난 모든 것, 모든 것, 모든 것을 기억하고, 각각의 삶을 내 안에서 스스로 새로이 체험한다.

늪지대에서 불빛이 나타난다.

55. 춥다, … 두렵다.

같은 표현이 세 번씩 반복되고 있는 이 문장의 원어를 살펴보면 마지막으로 끝나는 모음이 모두 똑같다. 영어로 번역된 서적에서도 이 부분을 'y'로 끝나는 단어들로 번역하여 원작의 의도를 반영하려 노력한 것을 찾아볼 수 있다. 이 책에서도 같은 맥락으로 '-다.'라는 같은 종결어미를 사용하여 원문이 표현하고자 한 의도에 최대한 가깝게 번역하였다.

아르카지나   (작은 소리로) 이거 어쩐지 데카당[56]하네.

트레플레프   (애원 그리고 비난하는 듯) 엄마!

니나   난 고독하다. 난 백 년에 한 번 말하기 위해 입을 열고, 나의 목소리는 공허한 곳에서 침울하게 울려 퍼지며, 아무도 듣지 않는다... 그리고 당신들, 창백한 불빛, 나를 듣지 않는다... 아침에 썩은 늪이 당신들을 탄생시키고, 당신들은 저녁 노을까지 방황하지만, 생각도, 의지도, 삶의 떨림도 없다. 당신들 안에서 생명이 생기진 않을까 두려워하는, 영원한 물질의 아버지, 악마는, 당신의 모든 순간마다, 돌 안에서 그리고 물 안에서와 같이 원자 교환을 일으키고, 당신들은 끊임없이 변화하고 있다. 우주에서 오직 영혼만이 일정하고, 변하지 않고 있다.

사이.

텅 빈 깊은 우물 속에 던져진 포로처럼, 난 알지 못한다, 내가 어디에 있고 무엇이 날 기다리는지. 내게 숨겨지지 않은 단 한 가지는, 물질적인 힘의 근원인 악마와 끈질기고 무자비한 싸움에서, 난 승리할 운명이며, 그 후에 물질과 영혼은 아름다운 조화 속에서 합쳐질 것이고, 세계 의지의 왕국이 올 거란 것이다. 그러나 그것은 오직, 길고 긴 수천 년이 조금씩 지나서, 달과 빛나는 시리우스와, 지구가 먼지로 변할 때일 것이다... 하지만 그때까지는 공포, 공포...

사이.
호수를 배경으로 붉은 점 두 개가 나타난다.

여기 나의 강력한 적, 악마가 오고 있다. 난 그의 무서운 심홍색 눈을 본다.

아르카지나   유황 냄새가 나. 이게 이렇게 필요한 거야?

트레플레프   네.

56. 데카당

프랑스어로 '데카당스(décadence)'이며, 퇴폐, 타락, 쇠락 등을 뜻하는 단어이다. 19세기 말 프랑스의 문예사조 중 상징주의자들의 극단적, 퇴폐적, 향락적, 탐미적 특성으로 인해 그들의 문학 또는 19세기 말 문학을 '데카당스'라고 지칭하게 되었다. 대표적 작가로는 아르튀르 랭보(Jean Nicolas Arthur Rimbaud, 1854-1891), 오스카 와일드(Oscar Fingal O'Flahertie Wills Wilde, 1854-1900), 폴 베를렌(Paul-Marie Verlaine, 1844-1896), 샤를 보들레르(Charles Pierre Baudelaire, 1821-1867) 등이 있다. 원문에 나타난 아르카지나의 표현은 '데카당스'의 형용사적 표현이므로, 원어의 발음을 그대로 빌려 '데카당(décadent)'이라고 표기하였다.

아르카지나   (웃으며) 그래, 이건 무대 효과네.

트레플레프   엄마!

니나   그는 인간 없이는 지루하다...

폴리나   (도른에게) 모자를 벗었네요! 쓰세요, 아니면 감기 걸릴 거예요.

아르카지나   이 의사 선생님은 영원한 물질의 아버지인 악마 앞에서 모자를 벗은 거예요.

트레플레프   (버럭 화를 내며, 큰소리로) 연극은 끝났어! 그만! 막!

아르카지나   뭐 때문에 넌 화를 내니?

트레플레프   됐어요! 막! 막을 내리라고! (발을 구르며) 막!

막이 내려간다.

죄송합니다! 제가 잊고 있었네요, 오직 선택된 소수만이 희곡을 쓸 수 있고 무대에서 연기할 수 있다는 사실요. 제가 독점을 깨버렸네요! 전... 저는... (뭔가 더 말하고 싶지만, 한 손을 흔들더니 왼쪽으로 나간다)

아르카지나   쟤 왜 저래요?

소린   이리나, 이럴 순 없어, 어머님, 젊은이의 자존심을 그렇게 대하면 안 돼.

아르카지나   내가 걔한테 뭐라고 말했어요?

소린 넌 그 아이에게 상처를 줬어.

아르카지나 그 애가 스스로 이건 슈트카[57]라고 얘기해서, 난 그의 희곡을 슈트카로 대한 거예요.

소린 그래도.

아르카지나 이제 밝혀졌네요, 그가 위대한 작품을 썼다는 게! 말씀해 보세요! 그러니까 그 애가 이 연극을 만들어 내고 유황 냄새로 질식시키려 한 건, 슈트카가 아니라, 시위를 위해서죠... 우리를 가르치고 싶은 거예요, 어떻게 그리고 무엇을 연기해야 하는지를! 결국은 재미없어졌죠! 나에 대한 이런 끊임없는 공격과 독설, 그런 의지는, 누구라도 질려버리게 해요. 변덕스럽고, 자존심 센 소년이죠.

소린 널 기쁘게 해주고 싶었던 거야.

아르카지나 네? 하지만 갠 어떤 평범한 연극을 선택한 게 아니라, 우리에게 이런 데카당한 헛소릴 듣게 했어요. 슈트카를 위해서면 난 헛소리도 들을 준비가 되어 있지만, 이건 새로운 형식과 예술의 새로운 시대에 대한 요구잖아요. 하지만 내 생각엔, 여기에 새로운 형식은 없고, 단지 불쾌한 성질만 있을 뿐이에요.

트리고린 저마다 자신이 원하고 할 수 있는 대로 쓰는 거죠.

아르카지나 원하는 대로 할 수 있는 대로 쓰라고 하세요, 다만 그 애가 날 평화롭게 내버려 두면 좋겠어요.

도른 주피터[58], 당신은 화가 났군요.

아르카지나 난 주피터가 아니라, 여자예요. (담배에 불을 붙인다) 난 화내는 게 아니라, 젊은 남자가 시간을 이런 식으로 갑갑하게 보낸다는 게 짜증 난 것뿐이에요. 난 그를 기분 나쁘게 하고 싶지 않았어요.

57. 슈트카

농담, 장난, 소극(笑劇)이라는 뜻이 있다. 관객을 웃기기 위해 만든 연극으로, 황당무계한 이야기, 과장된 표현 등을 특징으로 하는 짧은 극이다.

58. 주피터

그리스신화에 등장하는 '제우스'이자 로마 신화의 최고신 '유피테르'를 뜻한다. 도른이 말하고 있는 문장은 러시아 사람들이 자주 인용하는 라틴 속담으로, "주피터, 당신은 화가 났어요. 그러므로 당신은 틀렸습니다.(Iuppiter iratus ergo nefas)"라는 문장의 일부이다. 도스토옙스키(Фёдор Михайлович Достоевский, 1821-1881)의 〈카라마조프가의 형제들〉이라는 작품에서도 등장한다.

니나 (막 뒤에서 내다보며) 벌써 끝인가요? 계속하지 못하겠죠?

아르카지나 작가가 나갔어요. 끝내야죠. 나와요, 자기, 우리에게로.

니나 잠시만요. (사라진다)

메드베젠코 (마샤에게) 이 모든 것은 본질적으로 정신적 실체에 달려 있고 누구도 영혼을 물질로부터 분리할 근거를 가지고 있지 않습니다. 왜냐하면, 영혼 그 자체가 물질적 원자들의 집합체이기 때문입니다. (활기차게, 트리고린에게) 그런데, 있잖아요, 전 교사들이 받는 봉급이 어떤지에 대해 희곡으로 묘사하고 무대에서 연기해 볼 수 있으면 좋겠어요. 한 달에 23루블. 허접하죠!

아르카지나 그건 맞지만, 이제 봉급이니 원자니 하는 이야기는 그만 해요. 정말 좋은 저녁이잖아요! 들려요, 여러분, 노래하는 게? (귀를 기울여 듣는다) 얼마나 좋아요!

폴리나 호수 건너편이네요.

사이.

아르카지나 (트리고린에게) 내 옆에 앉아요. 10~15년 전 여기 이 호수에서는 음악과 노래가 거의 매일 밤 끊임없이 들렸죠. 여기 호숫가에는 지주들의 저택이 여섯 개가 있었어요. 기억나요, 웃음소리, 소음, 총소리, 그리고 계속되는 로맨스, 로맨스... 바로 그 당시에 이 모든 여섯 저택의 Jeune Premier[59]이자 우상을, 소개할게요, (도른을 머리로 가리키며) 의사 예브게니 세르게이치.[60] 지금도 그는 매력적이지만, 그때는 거부할 수 없었죠.

폴리나는 조용히 운다.

59. Jeune Premier

'젼 프뤼미에'로 읽는다. 프랑스 희곡에서 젊은 남자 주인공을 뜻하는 용어로, 도른이 여자들에게 인기가 많음을 의미하는 말이다. 참고로, 이 책의 프랑스어 발음 표기는 실제로 소리 내어 읽어야 하는 배우들의 입장을 고려해 국립국어원의 외래어 표기법을 따르지 않고 발음이 들리는 소리에 가깝게 표기하였다. 정확한 발음과 억양 파악을 위해 원어민의 도움을 받거나 온라인 자료 등을 활용하여 원어 발음을 들어보기를 추천한다.

60. 세르게이치

주석 19번에서 언급한 것과 같이, 도른의 이름은 '예브게니 세르게예비치 도른', 정식 부칭은 '세르게예비치'이지만, 여기서 아르카지나가 부르는 부칭은 '세르게이치'로 적혀 있으므로 원어 표현 그대로를 기록하였다.

샤므라예프 (질책하며) 폴리나, 폴리나….

폴리나 괜찮아요… 미안해요… 나 갑자기 너무 슬퍼져서요.

아르카지나 그런데 양심이 날 괴롭히기 시작해요. 왜 내가 나의 불쌍한 아이에게 상처를 줬을까? 나 불안해요. (큰소리로) 코스챠! 아들! 코스챠!

마샤 제가 그를 찾으러 갈게요.

아르카지나 그래 줘요, 자기.

마샤 (왼쪽으로 걸어간다) 아우![61] 콘스탄틴 가브릴로비치! 아우! (나간다)

니나 (무대 뒤에서 나오며) 이제, 인사해도 좋겠죠. (아르카지나와 폴리나에게 키스한다)

소린 브라보! 브라보!

아르카지나 브라보! 브라보! 우린 감탄했어요. 이런 외모로, 이런 놀라운 목소리로, 시골에 가만히 있는 건 죄악이에요, 안 돼요. 당신에게는 분명히 재능이 있어요. 알겠어요? 당신은 무대에 서야 해요.

니나 아, 그게 제 꿈이에요! (한숨을 쉬고) 하지만 그건 절대 실현되지 않을 거예요.

아르카지나 누가 알아요? 당신에게 소개할게요. 트리고린, 보리스 알렉세예비치.

니나 아아, 저 정말 기뻐요… (당황하며) 전 항상 당신 작품을 읽어요…

아르카지나 (그녀를 옆에 앉히며) 당황하지 말아요, 자기. 그는 유명 인사지만, 영혼은 소박해요. 봐요, 그도 당황했어요.

61. 아우!

원문에 나타난 그대로를 표기하였다. 러시아어 감탄사로 '숲속 등에서 서로를 부를 때 내는 소리'라는 의미가 있으며, 비탄, 절망에 젖은 외침 소리라는 뜻도 있다. 기존의 번역서에서는 트레플레프의 이름을 부르는 것으로 번역된 것이 대부분이다. 이 책에서는 러시아어 감탄사에 담긴 의미를 그대로 살리기 위해 이처럼 번역하였다.

도른	이젠 막을 올려도 되지 않을까요, 오싹해요.

샤므라예프	(큰소리로) 야코프, 어이, 막!

막이 올라간다.

니나	(트리고린에게) 정말 이상한 희곡 아닌가요?

트리고린	난 아무것도 이해하지 못했습니다. 하지만, 즐겁게 봤어요. 당신은 정말 진심으로 연기했어요. 그리고 배경은 매우 훌륭했죠. 이 호수에는 분명 물고기가 많겠죠.

니나	네.

샤므라예프	도미와 강꼬치고기[62]가 대부분이죠. 농어도 있지만 충분하진 않아요.

트리고린	난 낚시를 좋아해요. 저녁 호숫가에 앉아 낚시찌를 보고 있는 것보다 나에게 더 즐거운 일은 없어요.

니나	그렇지만, 제 생각엔, 창작의 즐거움을 경험한 사람한텐 다른 어떤 즐거움도 존재하지 않을 거 같아요.

아르카지나	(웃는다) 그런 말 말아요. 그에게 좋은 말만 한다면, 그는 실패할 거예요.

샤므라예프	기억나요, 모스크바 오페라 극장에서 유명한 베이스 실바가 낮은 '도'를 냈죠. 그리고 그때, 일부러 그런 것처럼, 객석에 앉아 있던 우리 교회 베이스 성가대원이, 갑자기, 여러분은 우리가 얼마나 놀랐는지 상상할 수 있을 거예요, 우린 객석에서 듣게 됐죠. "브라보, 실바..." 한 옥타브 낮게... 바로 이렇게... (낮은 저음으로) 브라보, 실바... 극장은 얼어붙었어요.

62. 강꼬치고기

인물이 구체적으로 어떤 물고기를 언급하는 것인지, 배역을 연기하는 배우의 구체적인 이미지화를 돕기 위해 비슷한 다른 물고기로 번역하지 않고, 원문에 나타난 그대로를 반영해 번역하였다.

사이.

도른   침묵의 천사가 날아갔네요.[63]

니나   갈 시간이에요. 안녕히 계세요.

아르카지나   어디? 어딜 이렇게 일찍? 우린 당신을 놔주지 않을 거예요.

니나   아빠가 벌써 절 기다리고 있어요.

아르카지나   그는 참, 알겠어요... (키스한다) 어떡하겠어요! 아쉬워, 당신을 보내는 게 아쉽네요.

니나   제가 떠나는 게 얼마나 힘든지 아신다면!

아르카지나   누가 당신을 바래다줘야 할 텐데, 우리 꼬마 아가씨.

니나   (놀라며) 오, 아뇨, 아녜요!

소린   (그녀에게, 애원하듯) 있어 줘요!

니나   그럴 수 없어요, 표트르 니콜라예비치.

소린   한 시간만 있다 가지 그래. 참, 정말... 사랑스럽고, 착하고, 친절하고... 솔직히, 당신 없이는 지루해요.

니나   (생각하다가, 눈물을 글썽이며) 안 돼요. (악수하고 급히 나간다)

아르카지나   불행한 아가씨죠, 사실. 알다시피, 그녀의 돌아가신 어머니가 남편에게 막대한 재산을 마지막 코페이카까지 물려줬지만, 지금 이 소녀에겐 아무것도 남지 않았을 거예요. 왜냐면 아버지가 이미 그의 두 번째 부인에게 모든 걸 물려줬기 때문이죠. 이건 말도 안 돼요.

63. 침묵의 천사가 날아갔네요.

원문에 나타난 그대로를 번역하였다. 러시아에서 대화가 갑자기 중단되고 썰렁한 분위기가 발생하면 사용되는 관용 표현이다. 기존 번역서에서는 천사가 지나갔다, 갑자기 조용해졌다 등의 표현으로 번역한 경우가 많다.

도른 네, 그녀의 아버진 상당히 비열한 놈이고, 우린 그에겐 완전한 정의로 갚아줘야 해요.

메드베젠코 격세유전[64]의 슬픈 현상이네요, 롬브로소[65]가 주목할 만한.

도른 (약 올리며) 롬브로소... 당신은 똑똑해 보이는 말 없이는 안 되네요.

소린 (차가운 손을 비비며) 집에 들어가요, 여러분. 안 그러면 더 습해질지도 몰라요. 난 다리가 아파요.

아르카지나 다리가 나무 같아서, 간신히 걷네요. 자, 가요, 불쌍한 노인네. (그의 팔짱을 끼며 잡는다) 어떤 희곡에 나와요. "정신 차리세요, 영감님."

샤므라예프 (아내에게 손을 내밀며) 부인?

소린 또 개 울부짖는 소리가 들리네. (샤므라예프를 돌아보며) 제발 부탁인데, 일리야 아파나시예비치, 개를 좀 풀어주라고 해줘요. (여동생과 나간다)

샤므라예프 안 됩니다, 표트르 니콜라예비치, 창고엔 수수가 있어요! (나란히 걷고 있는 메드베젠코에게) 그래, 한 옥타브 낮게, "브라보, 실바!" 가수가 아니라, 단지 교회 성가대원이었는데!

메드베젠코 교회 성가대원은 급여[66]가 얼마죠?

도른을 제외하고 모두가 나간다.

도른 (혼자서) 모르겠어, 내가 아무것도 이해하지 못한 건지, 정신이 나간 건지. 그렇지만 난 연극이 마음에 들었어. 거기엔 뭔가 있어. 그 소녀가 고독에 관해 이야기했을 때, 그리고 나서 악마의 붉은 두 눈이 나타났을 때, 난 흥분해서 손이 떨렸어. 신선하고, 천진난만하고... 저기, 그가 오는 것 같네. 그에게 더 기분 좋은 말을 해줘야지.

64. 격세유전

격세유전(隔世遺傳)은 유전적 형질이 세대를 건너뛰며 발현되는 것을 의미한다. 쉽게 말하자면, 자녀가 부모를 닮지 않고 조부모나 혹은 그 이전의 세대를 닮는 것이다. 메드베젠코는 니나가 부모를 닮지 않았음을 이러한 용어를 사용하여 말하고 있다.

65. 롬브로소

체사레 롬브로소(Cesare Lombroso, 1835-1909)는 이탈리아의 범죄학자로, 사이코패스와 범죄자는 신체적 특성에 따라 식별될 수 있다고 믿은 사람이다. 니나를 학대하는 니나의 부모에 관해 이야기하는 와중에 자기 나름대로 연관성이 있다고 생각하여 범죄학자를 언급하는 메드베젠코의 모습을 볼 수 있다.

66. 급여

집필진의 분석 노트 메드베젠코의 관심사를 엿볼 수 있다. 그는 언제나 물질적인 것에 관심을 보인다. 자신의 월급이 23루블밖에 되지 않는다는 이야기를 비롯해 다른 직업군의 월급에 관한 이야기, 이웃이 건초를 싸게 샀다는 이야기, 자신은 늘 가난하다는 것을 자주 언급하는 것으로 보아, 돈 문제에 굉장히 예민한 사람이라는 것을 알 수 있다.

트레플레프 (들어온다) 이미 아무도 없네.

도른 나 여기 있어요.

트레플레프 마셴카[67]가 모든 정원에서 날 찾고 있어요. 지긋지긋한 생물체.[68]

도른 콘스탄틴 가브릴로비치, 난 당신의 연극이 대단히 마음에 들었어요. 뭔가 이상하고, 결말을 듣지 못했지만, 그래도 강렬한 인상을 받았어요. 당신은 재능이 있는 사람이니, 계속 해야 해요.

트레플레프는 도른의 손을 꽉 잡더니 갑자기 충동적으로 껴안는다.

도른 후, 얼마나 예민한지! 눈에 눈물까지... 내가 하고 싶은 말은? 당신은 추상적인 사고의 영역에서 줄거리를 잡았어요. 그랬어야만 해요. 예술 작품은 반드시 어떤 거대한 사상을 표현해야 하기 때문이죠. 오직 진지한 것만이 아름다운 겁니다. 당신 너무 창백해요!

트레플레프 그럼 당신 말은, 계속하라는 건가요?

도른 네... 하지만 중요하고 영원한 것만 묘사하세요. 당신도 알겠지만, 난 내 삶을 다양하고 멋지게 살아왔죠, 난 만족해요, 하지만 내가 만약 예술가들이 창작의 순간에 느끼는 영혼의 고양을 경험한다면, 난 내 물질적 껍데기와 그 껍데기의 모든 속성을 경멸하며, 이 지상으로부터 높은 곳으로 더 멀리 날아가 버릴 거예요.

트레플레프 죄송하지만, 자레츠나야는 어디에 있나요?

도른 그리고 한 가지 더. 작품엔 분명하고 확실한 생각이 있어야 해요. 당신은 알아야만 합니다, 무엇을 위해 쓰는지를요, 그렇지 않고, 확실한 목적 없이 이 그림 같은 길을 따라간다면, 당신은 길을 잃을 거고, 당신의 재능이 당신을 파멸시킬 거예요.

67. 마셴카

68. 생물체

원문에 나타난 단어의 의미를 살펴보면 창조물, 생물체, 생물, 생명체, 인간 등이 있는데, 기존의 많은 번역서에서는 주로 '인간'이라는 단어로 번역하였다. 그러나 이 책에서는 '생물체'라는 단어를 선택하여 번역하였다.

트레플레프 (성급하게) 자레츠나야 어딨죠?

도른 그녀는 집으로 떠났어요.

트레플레프 (절망에 빠져) 어떻게 해야 하지? 난 그녀가 보고 싶어... 난 반드시 그녀를 봐야 해... 저 갈게요...

마샤가 들어온다.

도른 (트레플레프에게) 진정해요, 나의 친구.

트레플레프 그래도, 갈게요. 전 가야 해요.

마샤 콘스탄틴 가브릴로비치, 집으로 가세요. 당신 엄마가 당신을 기다려요. 그녀가 불안해하고 있어요.

트레플레프 말해요, 내가 떠났다고.

마샤 무엇으로요?[69] 아버지는 당신에게 모든 말이 일하느라 바쁘다고 말할 거예요.

트레플레프 (화를 내며) 그는 권한이 없어요! 나는 누구의 삶도 방해하지 않으니, 날 혼자 내버려 두라고 하세요!

도른 아니, 아니, 아니, 친구... 이러면 안 돼요... 좋지 않아요.

트레플레프 (눈물을 글썽이며) 안녕히 계세요, 의사 선생님. 감사해요... (나간다)

도른 (한숨을 쉰다) 청춘, 청춘...

마샤 더 이상 할 말이 없을 때, 말하고들 하죠. 청춘, 청춘... (코담배를 한다)

69. 무엇으로요?

마샤는 자신이 떠났다고 말하라는 트레플레프의 말을 듣고, 그가 무엇을 타고 떠났다고 말해야 하는지를 묻고 있다. 떠난 이유를 묻는 것이 아니다. 누군가가 떠난다고 할 때 항상 모든 말이 바쁘다며 말을 내어주지 않는 샤므라예프의 모습과 연결되는 부분이다.

도른   (그녀의 담뱃갑을 빼앗아 관목 숲으로 던져버린다) 이거 정말 싫어!

                                    사이.

         집에서 게임을 하는 것 같네. 가야 해.

마샤   잠깐만요.

도른   왜?

마샤   선생님께 다시 한번 말하고 싶어요... 이야기를 나누고 싶어요. (동요
         하며) 전 아버지를 사랑하지 않아요... 하지만 제 마음은 선생님께 끌
         려요. 왠지 모르지만, 나와 가깝다는 걸 온 마음으로 느껴요... 절 도
         와주세요. 도와줘요, 그렇지 않으면 전 어리석은 짓을 하고, 제 인생을
         비웃고, 그걸 망쳐버릴 거예요... 더 이상은 안 돼요...

도른   무엇을? 뭘 도와줄까?

마샤   전 괴로워요. 아무도, 아무도 내 고통을 몰라요! (그의 가슴에 머리를
         기대고, 조용히) 난 콘스탄틴을 사랑해요.

도른   다들 얼마나 예민한지! 모두 정말 예민해! 그리고 사랑은 얼마나 많은
         지... 오, 마법의 호수! (부드럽게) 하지만 내가 뭘 할 수 있을까, 나의
         아가?[70] 무엇을? 무엇을?

                                    - 막 -

70. 나의 아가?

블라디미르 네미로비치 단첸코(Владимир Иванович Немирович-Данченко, 1858-1943)의 『모스크바 예술극단의 회상』에 따르면, 체호프의 초기 원고에서는 1막 마지막 장면에 마샤가 도른의 딸임이 밝혀지는 부분이 존재하였다고 한다. 그러나 이에 관한 내용이 2막 이후에서 더는 전개되지 않자, 단첸코는 체호프에게 편지로 해당 부분을 삭제하는 것을 권장하였다. 체호프는 이에 응했고, 결국 1막 마지막 장면에서 마샤와 도른의 부녀관계를 밝히는 장면은 사라지게 되었다. 마샤가 '제 마음은 선생님께 끌려요'라며 '나와 가깝다는 걸 온 마음으로 느껴요'라고 언급하는 부분이 이와 관련된 내용의 흔적으로 보인다. 특히 도른이 마샤에게 '나의 아가'라고 부르는 부분은 원문에 나타난 표현 그대로를 번역하였는데, 이것은 3막에서 아르카지나가 트레플레프를 부르는 말과 같은 표현이다.

집필진의 분석 노트 이와 관련된 집필진의 의문을 하나 덧붙여 보고자 한다. 체호프는 도대체 왜 마샤의 이름을 마샤라고만 표기하였을까? 이 책의 주석에 따라 이것이 약칭형 지소체인 것은 이제 모두가 알 것이다. 하지만 체호프는 다른 인물의 이름에는 전혀 지소체를 사용하여 표기하지 않았다. 혹시, 삭제되어 없어진 도른과의 부녀관계 설정에 관한 흔적을 남긴 것은 아닐까?

2막

크로케[7] 경기장.
오른쪽에는 깊숙이 커다란 테라스가 있는 집.
왼쪽에는 태양이 반사되어 빛나는 호수가 보인다.
화단. 정오. 덥다.
경기장 옆, 오래된 보리수 그늘에 아르카지나, 도른, 마샤가 벤치에 앉아 있다.
도른의 무릎 위에는 책이 펼쳐져 있다.

아르카지나   (마샤에게) 일어나봐요.

두 사람 일어선다.

옆에 서 봐요. 당신은 스물두 살, 난 거의 두 배. 예브게니 세르게이치, 우리 중 누가 더 젊어 보여요?

도른   당신이죠, 물론.

아르카지나   바로 그거죠... 왜 그런 걸까? 난 일하고, 느끼고, 계속해서 바쁘기 때문이에요, 하지만 당신은 계속 한 자리에 앉아 있고, 사는 게 아니죠...

마샤   어머니는 절 꽃 속에 사는 동화 속 소녀처럼 키우셨어요. 전 아무것도 할 줄 몰라요.

아르카지나   그리고 내 규칙은, 미래를 기웃거리지 않는 거죠. 난 늙는 거나 죽음에 대해 절대 생각하지 않아요. 피할 수 없으니까요.

마샤   저는 마치 아주 오래전에 이미 태어났다는 그런 느낌이 들어요. 끝이 없는 치맛자락처럼, 내 인생을 끌고 다녀요... 그리고 살고 싶다는 의욕이 자주 없어져요. (앉는다) 물론, 이건 다 하찮은 거예요. 정신 차려야 해요, 이 모든 걸 떨쳐버려야 해요.

71. 크로케

크로케(Croquet)는 직사각형의 잔디밭에서 진행되는 구기종목의 스포츠로, 1명 또는 4명씩 팀을 이루어 두 팀이 번갈아 가며 게임을 진행한다. 나무로 만들어진 '말레'라 불리는 망치 형태의 도구로 공을 쳐, 정해진 순서에 따라 골대 역할을 하는 '후프'를 통과시킨 후 경기장 중앙에 있는 말뚝을 맞히면 승리하는 경기이다.

도른   (조용히 흥얼거린다) "그녀에게 말해줘요, 나의 꽃들이여..."[72]

아르카지나   그리고, 난 예절 바르죠, 영국인처럼. 자기, 난, 흔히 말하듯, 스스로 끈을 붙잡고 있고, 항상 옷을 차려입고, 머리를 하고 comme il faut.[73] 내가 집을 나갈 때, 심지어 정원에 있을 때도, 블라우스만 입거나 머리를 안 하고 나가는 걸 스스로 허락할까요? 절대. 그러니까 난 살아남은 거죠. 난 결코 뚱뚱하고 못생긴 여자가 되지 않았고, 나 자신을 놓지 않았어요, 어떤 사람들처럼 되지 않으려고... (몸을 곧게 펴 손을 옆구리에 대고, 경기장을 돌아다닌다) 자 여기, 병아리 같죠. 열다섯 살 소녀도 연기할 수 있어요.

도른   자, 어쨌든 계속할게요. (책을 집어 들고) 우리가 멈춘 게 곡물가게 주인 그리고 쥐들...

아르카지나   그리고 쥐들. 읽으세요. (앉는다) 아니, 주세요. 내가 읽을게요. 내 차례예요. (책을 받아 들고 눈으로 찾는다) 그리고 쥐들... 바로 여기네... (읽는다) "그리고 물론, 상류사회의 사람들이 작가의 비위를 맞추며 자기 쪽으로 끌어들이는 건 위험하다, 곡물가게 주인이 창고에서 쥐를 키우는 것만큼. 하지만 그들은 더욱 사랑받고 있다. 그래서 이렇게, 여자가 사로잡고 싶은 어떤 작가를 선택했을 때, 그녀는 칭찬, 친절, 아첨을 통해 그를 포위한다..." 글쎄, 이건 프랑스인에겐 그럴지도 모르지만, 우린 전혀 이런 게 없고, 아무런 계획도 없어요. 우리나라 여자들은 보통, 작가를 사로잡기 전에, 이미 자신이 홀딱 반해서, 애원하게 되죠. 멀리 갈 필요 없이, 나와 트리고린을 봐요. 자기들, 난 보리스 알렉세예비치를 고르지도, 유혹하지도, 사로잡지도 않았고, 그를 만났을 땐, 머릿속 모든 게 뒤죽박죽이 되어, 기절할 것만 같았어요. 난 선 채로 그를 보고 울곤 했죠. 그러니까, 난 울부짖고, 울부짖었어요. 이게 무슨 계획이에요.

소린이 지팡이에 기대며 걸어오고, 그 옆에 니나가 있다.
메드베젠코가 그들 뒤에서 빈 안락의자를 밀고 온다.

72. "그녀에게 말해줘요, 나의 꽃들이여..."

프랑스 작곡가 샤를 구노(Charles-François Gounod, 1818-1893)의 오페라 〈파우스트〉 중 3막 1장에 나오는 노래의 한 구절이다.

73. comme il faut

'껨 일 포'로 읽는다. 프랑스어로 '올바르게', '올바른 방식으로'라는 뜻이다. 보통 사회적으로 받아들여지는 규범과 예절에 맞게 행동하거나, 상황에 적절한 방식으로 행동하는 것을 의미한다.

소린	(아이를 어르는 어조로) 그렇지? 우린 기쁜 거지? 우리는 오늘 즐거운 거지, 끝끝내? (누이에게) 우린 기뻐. 아버지와 계모가 트베리[74]로 떠나서, 이제 우리는 3일 동안 자유로워졌어.
니나	(아르카지나 옆에 앉아 그녀를 껴안는다) 난 행복해요. 난 이제 여러분 거예요.
소린	(자기 안락의자에 앉는다) 오늘 그녀는 아름다워요!
아르카지나	멋지게 차려입고, 매력적이고... 이런 점에서 당신은 영리한 사람이네요.[75] (니나에게 키스한다) 하지만 너무 칭찬하면 안 돼요, 그러다 우리가 그녀를 징크스[76]에 걸리게 할 거예요. 보리스 알렉세예비치는 어딨죠?
니나	욕장[77]에서 낚시하고 있어요.
아르카지나	어떻게 그는 질리지도 않는지! (계속 읽으려고 한다)
니나	그건 뭔가요?
아르카지나	모파상의 〈물 위에서〉[78], 귀여운 자기.
메드베젠코	한 번도 읽어보지 않았어요.
도른	당신은 이해하지 못하는 것만 읽잖아요.
메드베젠코	존재하는 어떤 책이든, 전 다 읽어요.
도른	버클이나 스펜서[79]를 계속 읽어도, 당신은 야간 순찰원 이상의 지식이 없어요. 당신이 말하는 대로면, 심장은 연골로 만들어졌고, 지구는 고래 위에 있잖아.[80]
메드베젠코	지구는 둥글어요.

74. 트베리

트베리(Тверь)는 러시아 트베리주의 주도이다. 러시아에서 오래된 역사를 가진 도시 중 하나로, 모스크바에서 북서쪽으로 170km 정도 떨어져 있다.

75. 이런 점에서 당신은 영리한 사람이네요.

기존 번역서에서는 이 부분이 단지 니나의 똑똑함, 현명함 등을 언급하는 방향으로 나타나 있다. 원문에 의하면, 해당 구절은 아르카지나가 니나를 단순히 똑똑한 사람이라고 말하는 것이 아니라, 잘 차려입은 옷차림과 매력적인 면모를 먼저 칭찬한 다음, 그런 점을 스스로 구사할 수 있는 니나의 감각을 가리켜 영리하다고 칭찬하는 의미이기에 이처럼 번역하였다.

76. 징크스

징크스(Jinx)는 운 나쁜 일을 초래할 수 있는 불길한 행동이나 힘, 또는 부정적인 상황을 가리키는 말이다. 징크스를 믿는 사람은 특정 상황에서 특정 행동을 자제하기도 한다. 원문에 나타난 표현 그대로를 번역하였으며, 미신을 믿는 아르카지나의 모습을 살펴볼 수 있다.

77. 욕장

트리고린이 낚시하는 곳이 '목욕하는 곳'이라고 표현되어 의아할 수 있을 것이다. 하지만 호수가 워낙 크다 보니, 수면과 지면이 만나는 수심이 얕은 부분에서 사람들이 수영하거나 목욕하는 일이 많아, 그 위치를 '욕장'이라고 일컫기 때문에 원문에 나타난 그대로를 번역하여 표기하였다.

78. 〈물 위에서〉

모파상이 프랑스의 남부지역 중 코트다쥐르(Cote d'Azur)를 유람선으로 여행하며 쓴 산문이다. 일종의 기행문이라 볼 수 있으며, 특정한 서사를 갖추고 있는 소설과 같은 글이라기보다는 여러 단상과 상념들이 혼재된 글이다.

79. 버클이나 스펜서

버클은 헨리 토머스 버클(Henry Thomas Buckle, 1821-1862)을 가리키며, 스펜서는 허버트 스펜서(Herbert Spencer, 1820-1903)를 가리킨다. 버클은 영국의 역사학자로 흔히 '과학적 역사의 아버지'라 불리는 인물이다. 유명한 저서로는 1857년 발행한 『영국 문명의 역사(History of Civilization in England)』가 있다. 스펜서는 영국의 철학자이자 정치이론가로 공리주의자이자 사회 진화론자이다. '적자생존'이라는 용어를 처음 만든 인물이다.

80. 지구는 고래 위에 있잖아.

지구가 고래 위에 있다는 표현은 슬라브족의 창세 신화를 빗댄 표현인데, 위 그림처럼 지구라는 것은 세 마리의 고래 등에 업혀 있는 형태라는 것이 신화의 내용이다. 도른이 평소 메드베젠코가 버클이나 스펜서처럼 저명한 학자들의 글을 읽고 현학적인 말만 늘어놓으면서도 그것을 이해하지 못한 채 여전히 슬라브족 창세 신화처럼 비과학적인 의견을 가지고 있다고 비꼬는 말로 볼 수 있다.

도른　왜 그렇게 불확실하게 말하죠?

메드베젠코　(화를 내며) 먹을 게 없을 땐, 지구가 둥글든지 네모든지 문제가 되지 않아요. 제발 귀찮게 하지 마세요.

아르카지나　(짜증을 내며) 그만 하세요, 여러분. (혼자 몇 줄을 읽는다)[81] 음, 더 이상 재미도 없고, 맞지도 않네. (책을 덮는다) 나 마음이 편치 않아요. 말해 봐요, 내 아들이 왜 그러는 거죠? 왜 저렇게 지루하고 가혹하죠? 걘 호수에서 하루 종일 시간을 보내고, 난 그 아일 거의 볼 수가 없어요.

마샤　그는 마음이 안 좋은 거예요. (니나에게, 소심하게) 부탁인데, 그의 희곡을 읽어주세요!

니나　(어깨를 으쓱한 다음)[82] 원하세요? (읽는다) 인간, 사자, 독수리, 그리고 자고새, 뿔 달린 사슴, 거위, 거미, 물속에 사는 말 없는 물고기, 불가사리 그리고 눈으로 볼 수 없는 것들, 한마디로, 모든 생명, 모든 생명, 모든 생명들이 슬픈 순환을 마치고, 사라졌다… 이미 수천 세기 동안 지구는 단 하나의 생명체도 가지고 있지 않았고, 이 초라한 달은 헛되이 자신의 등불을 밝히고 있다. 초원에서는 더 이상 두루미의 비명으로 잠 깨지 않으며, 보리수 숲에서는 5월의 딱정벌레 소리가 들리지 않는다…[83]

마샤　(환희를 억누르며) 얼마나 시적인지! 그 사람이 무언가를 읽을 때면, 그의 눈은 타오르고 얼굴은 창백해져요. 그는 매우 아름답고 슬픈 목소리를 가졌고, 말과 행동은 시인 같아요.

소린의 코 고는 소리가 들린다.

도른　안녕히 주무세요.

아르카지나　페트루샤!

81. (혼자 몇 줄을 읽는다)

집필진의 분석 노트 앞서 아르카지나가 낭독한 내용 뒤에 이어지는 내용을 붙여, 영어 원문을 토대로 번역하여 첨부한다. 아르카지나는 혼자 몇 줄을 읽은 뒤 책을 덮게 되는데, 이어지는 내용이 트리고린에게 칭찬을 아끼지 않는 니나에 대한 불편한 마음을 떠올리게 한 것은 아닐까?

견고한 바위를 한 방울, 한 방울로 뚫는 물 같이, 칭찬 한마디, 한마디가 작가의 예민한 마음에 안착한다. 그녀는 곧 부드러워지고, 감동하고, 지속적인 아첨에 정복당한 그를 본다. 그녀는 그를 고립시키고 조금씩 조금씩 그와 연결된 것들을 잘라버린다. 그가 느끼지 못하게 그녀의 집에 오는 것을 익숙하게 만들어버리고, 기쁘게 하고, 그곳에서만 그의 생각을 정립하게 한다.

— 모파상 〈물 위에서〉 중

82. (어깨를 으쓱한 다음)

기존의 번역서에서는 '어깨를 흠칫하며' 등으로 번역되어 있다. 원문에는 어깨를 한 번 올렸다 내리는 모양을 뜻하는 표현으로 쓰여 있다. 따라서, 겁을 먹거나 위압감을 느껴 기가 꺾이거나 풀이 죽는 것을 의미하는 '움츠린다'나, 몸을 움츠리며 갑자기 놀라는 모습을 뜻하는 '흠칫' 같은 단어를 사용하는 대신 원어의 의미를 그대로 살려 번역하였다.

83. 트레플레프의 희곡을 읊는 니나의 대사에 관하여

집필진의 분석 노트 초연 대본에는 니나가 트레플레프의 희곡을 읊는 장면이 총 세 번 나온다. 희곡이 처음 등장하는 1막, 마샤의 요청으로 다시 들려주게 되는 2막, 그리고 트레플레프와 재회하는 4막. 당시 초연을 본 관객들은 이해도 되지 않는 지루한 독백을 세 번이나 한다고 혹평하였고, 결국 다음 공연부터는 2막에 나오는 부분을 삭제하게 되었다. 집필진은 작업 과정에서 발견한 이 부분을 그대로 복원하며 이 부분을 통해 니나가 트레플레프의 희곡을 어떻게 생각하고 있는지 잘 들여다볼 수 있다고 해석하게 되었다. 또한, 체호프가 왜 세 번씩이나 이 대사를 반복하도록 설정했는지에 대한 이유 역시 고찰해 보게 되었다. 같은 대사를 반복하는 장면이지만, 이 대사를 읊는 니나가 처한 상황은 매우 다르다. 어쩌면 니나의 같은 대사를 반복함으로써, 그녀의 삶이 변화해 가는 흐름을 보여주고 싶었던 것이 아닐까?

소린 어?

아르카지나 자는 거예요?

소린 전혀.

사이.

아르카지나 치료도 안 받고, 그건 좋지 않아요, 오빠.

소린 나도 치료받으면 좋겠지만, 의사가 원하지 않아.

도른 60세에 치료라니!

소린 60세도 살고 싶어.

도른 (성가셔하며) 아! 그럼, 발레리안[84] 드세요.

아르카지나 내 생각엔, 온천 같은 곳으로 가면 좋을 것 같아요.

도른 글쎄요? 가도 좋아요. 안 가도 좋고요.

아르카지나 좀 이해해 줘요.

도른 이해할 게 없어요. 모든 게 명확해요.

사이.

메드베젠코 표트르 니콜라예비치는 담배를 끊었어야 해요.

도른 오래전에 그랬어야죠. 담배와 술은 정말 혐오스러워요!

아르카지나 쓸데없는 소리.[85]

84. 발레리안

도른이 언급한 '발레리안(Valerian)'은 진정제로, 쥐오줌풀 뿌리에서 채취한 원료로 만들어졌다. 아스피린과 효능이 비슷하다.

85. 쓸데없는 소리

이 책이 원문으로 삼은 대본에서는 이 말을 아르카지나가 한 것으로 되어 있다. 이후 소린이 말하는 것으로 수정되었다는 것을 확인할 수 있었다. 따라서 원문에 나타난 바와 똑같이 번역하였다.

도른	아뇨, 쓸데없는 소리가 아닙니다. 술과 담배는 자아감을 상실하게 해요. 담배와 보드카를 한 잔 마신 후에는, 당신은 이미 표트르 니콜라예비치가 아닌, 표트르 니콜라예비치 플러스[86] 누군가가 돼요. 당신 안에서 당신의 자아는 흐려지고, 이미 자신을 제삼자, 그로 대하는 거죠.

소린   (웃는다) 당신은 참 논리적이고 좋네. 당신은 당신의 시대를 즐기며 살았지, 당신 아파트엔 수놓은 베개들, 신발들, 모든 것들이 박물관처럼 가득 차 있지만, 난 아직 그렇게 살지 않았고, 결국 아무것도 경험하지 못했어. 그리고 분명한 건, 난 정말 살고 싶어. 당신은 배가 부르고 무심해서 철학에 빠져 있지만, 난 살고 싶어서 점심 식사 때 셰리주[87]를 마시고 시가를 피우는 거야. 그게 다야. 누구나 자기 방식이 옳고, 모든 인간은 자기 성향이 이끄는 곳으로 가는 거지.

도른   누구나 자기 방식이 옳다는 것, 바로 그것 때문에, 모든 사람이 괴로운 거죠. 삶은 진지하게 받아들여야 해요, 60세에 치료를 받는다거나, 젊음을 별로 즐기지 못했다고 후회하는 건, 죄송하지만, 경박합니다. 영원[88]에 대해서 생각할 때가 됐죠.

*트레플레프가 모자도 쓰지 않은 채 한 손에는 총을 들고
다른 한 손에는 죽은 갈매기를 들고 지나간다.*

아르카지나   (아들에게) 코스챠, 우리에게 와!

트레플레프는 뒤를 돌아보았다가 떠난다.

도른   (노래한다) "그녀에게 말해줘요, 나의 꽃들이여..."[89]

나나   음이 안 맞아요, 의사 선생님.

도른   상관없어요. (소린에게) 자, 각하, 영원에 대해 생각할 시간입니다.

사이.

86. 플러스

'또는', '더하기' 등으로 번역할 수 있었지만, 원문에서 러시아 발음으로도 '플러스'라 읽히는 단어로 쓰여 있었기에, 작가의 단어 선택 의도를 최대한 존중하고자 그대로 표기하였다.

87. 셰리주

셰리(Sherry)는 스페인 안달루시아 헤레스데라프론테라 근처의 지역에서 자란 백포도로 만든 강화 포도주의 이름이다. 원래 스페인어로 '비노 데 헤레스(vino de Jerez)'라고 부르지만 '헤레스'의 영어식 이름이 '셰리'이며, 원산지 명칭 보호법에 의해 '셰리 트라이앵글' 지역에서 생산된 것만 '셰리'라는 이름의 라벨을 달 수 있다고 한다. 셰리는 건조 상태로 만들어진 다음 향이 나는 술에 넣어 발효되고, 이렇게 만들어진 베이스 와인의 발효가 완료되면 알코올 함량이 더 높은 브랜디를 첨가한다. 이처럼 발효가 완료된 다음 알코올이 추가로 첨가된 강화 포도주이기 때문에, 달지 않은 맛이 특징이다. 한국어로는 '셰리'에 술을 의미하는 '주'를 붙여 '셰리주'라고 부른다.

88. 영원

도른은 소린에게 지난 삶을 후회하기보다는 자연스레 다가올 죽음에 대해 생각해야 한다고 말하고 있다. 기존 번역서에는 대부분 '죽음'에 대해 생각할 때라고 번역돼 있는데, 원문에서 이 단어는 정확히 '영원'이라는 단어이다. 맥락상 '죽음'을 의미하는 것이 맞지만, 작가가 이것을 '영원'이라고 한 것은, 러시아 정교의 사후 세계관을 반영하여 표현한 것이라 짐작된다. 작가의 단어 선택 의도를 최대한 살리고자 그대로 표기하였다.

89. "그녀에게 말해줘요, 나의 꽃들이여..."

프랑스 작곡가 샤를 구노의 오페라 〈파우스트〉 중 3막 1장의 노래 중 한 구절이다. 자신이 2막 첫 장면에서 부른 노래와 똑같은 노래를 부르고 있다.

마샤   (일어선다) 식사를 할 때예요. (귀찮은 듯 축 늘어진 걸음걸이로 걸어 간다) 발 저려... (나간다)

도른   가서 식사 전에 두 잔을 들이켜 마시겠네.[90]

소린   불쌍한 저 아이에게 개인적인 행복이란 건 없는 거야.

도른   공허하죠.

소린   당신은 배부른 사람처럼 판단하는군.

아르카지나   이 사랑스러운 시골의 지루함보다 더 지루한 게 있을까요! 덥고, 조용 하고, 누구도 아무것도 하지 않고... 여러분과 함께하는 게 좋고, 여러 분의 이야기를 듣는 것도 즐거워요, 하지만 방에 앉아서 배역을 공부 하는 게 훨씬 더 좋아요!

나나   (열광하며) 훌륭해요! 당신을 이해해요!

소린   물론, 도시가 더 좋지. 사무실에 앉아 있으면, 하인은 보고 없이 아무 도 들여보내지 않고, 전화기... 길거리엔 마차랑 그게 다...

도른   음, 글쎄요. 난 자연 없이는 살 수 없는데.

아르카지나   책은요? 시적 이미지에서 자연은 훨씬 더 감동적이고 우아해요.

    샤므라예프가 들어오고, 그 뒤를 따라 폴리나가 들어온다.

샤므라예프   여기들 계셨군요. 안녕하십니까. (아르카지나 손에 키스하고, 그다음 나나 손에 키스한다) 여러분들이 건강한 모습을 보니 매우 기쁩니다. (아르카지나에게) 아내 말로는, 오늘 제 아내와 함께 시내에 가실 거라 던데요. 그게 사실인가요?

90. 가서 식사 전에 두 잔을 들이켜 마시겠네.

방금 나간 마샤가 이대로 걸어가서 늘 그렇듯 식사 전에 두 잔의 술을 마실 것이라고 짐작하는 말이다. '잔'의 원어를 살펴보면, 보드카 등을 마실 때 사용하는 '스트레이트 잔'을 의미하는 단어로 적혀 있다.

아르카지나   네, 함께 갈 거예요.

샤므라예프   음... 멋지네요, 하지만 뭘 타고 가실 건가요, 부인? 오늘은 호밀을 운반하고, 모든 일꾼이 바쁩니다. 그러니 어떤 말을 탈 건지, 당신께 여쭤봐도 될까요?

아르카지나   뭘 탈 건지? 내가 어떻게 알아요, 뭘 탈 건지!

소린   우리는 외출용이 있잖아.

샤므라예프   (흥분하며) 외출용? 당신은 외출용을 말씀하시나요? 자, 보세요. 빨강 머리 말은 발을 절고, 카자흐스탄 암말은 물을 잔뜩 마셨습니다. 그럼 전 멍에를 어디서 구할까요? 멍에를 어디서 구하냐고요? 정말 놀랍군요! 이해할 수 없어요!

폴리나   (남편에게) 그만 해요, 제발 부탁이에요.

아르카지나   난 멍에든 호밀이든 신경 안 써요... 난 갈 거고 그게 다예요.

샤므라예프   이리나 니콜라예브나, 자비심을 가지세요. 뭘 타실 거죠? 가장 존경하는 부인! 용서하세요, 전 당신의 재능을 존경하고, 당신을 위해 제 인생의 10년을 기꺼이 바칠 준비가 되어 있지만, 전 당신께 말은 드릴 수가 없습니다!

아르카지나   하지만 내가 가야 한다면? 이해가 안 되는 일이에요!

샤므라예프   대단히 존경하는 부인! 당신은 이해하지 못해요, 농장 운영이 무엇을 의미하는지!

아르카지나   (발끈 성을 내며) 그건 닳아빠진 이야기예요. 그럼 오늘 당장 모스크바로 떠날 거예요. 말을 줘요! 날 위해 마을에 있는 말들을 빌리라고 해요, 그렇지 않으면 난 걸어서 역으로 갈 거예요!

샤므라예프 (발끈 성을 내며) 그렇다면 전 일을 그만두겠습니다! 다른 관리인을 찾으세요! (나간다)

아르카지나 매년 여름 이런 식으로, 매년 여름 난 이곳에서 모욕당해! 더 이상 여기에 발을 딛지 않겠어!

> *욕장이 있는 왼쪽으로 나간다.*
> *잠시 후 그녀가 집으로 들어가는 것이 보이고,*
> *그녀의 뒤를 낚싯대와 양동이를 든 트리고린이 따라간다.*

소린 (발끈 성을 내며) 이런 건방진! 이게 도대체 뭐야! 나도 정말 지겨워, 끝끝내! 지금 당장 모든 말들을 여기로 데려와!

나나 (폴리나에게) 이리나 니콜라예브나를 거부하다니! 유명한 배우를! 그녀의 모든 욕망이, 심지어 변덕일지라도, 농장 운영보다는 중요하지 않나요? 이건 불가능해요!

폴리나 (절망에 빠져) 내가 뭘 할 수 있겠어요? 내 입장이 되어 봐요. 내가 뭘 할 수 있겠어요?

소린 떠난다니, 가장 바쁜 시기에 떠난다니. 난 허락할 수 없어! 그를 머물게 할 거야!

도른 <u>표트르 니콜라예비치, 반 코페이카만큼의 성질이라도 가지세요.</u>[91]

소린 (나나에게) 누이에게 갑시다... 그녀가 떠나지 않도록 우리 모두 애원해 봐요, 그럴 거죠? (샤므라예프가 나간 방향을 보며) 지긋지긋한 인간! 폭군!

나나 (소린이 일어나는 걸 막으며) 앉으세요, 앉으세요... 우리가 데려다줄게요. (메드베젠코와 함께 의자를 굴린다) 오, 정말 끔찍해!

91. 반 코페이카만큼의 성질이라도 가지세요.

원문에 나타난 그대로를 번역하였다. 반 코페이카는 0.5코페이카로, 아주 적은 돈이다. 샤므라예프를 머무르게 할 거라고 말하는 소린에게 아주 조금이라도 결단력이나 자존심을 가지라고 말하고 있다.

소린	그래, 그래, 끔찍해... 하지만 그는 떠나지 않을 거예요. 지금 그와 이야기해 볼게요.

나간다.
도른과 폴리나만 남는다.

도른	사람들이 따분해. 100 중에 90은 똑똑하지 않고, 99는 지루해요. 이 모든 건 저 할망구[92], 표트르 니콜라예비치와 그의 누이가 당신 남편에게 용서를 구하는 걸로 끝날 거예요.

폴리나	당신도 알다시피, 그는 외출용 말을 모두 들판으로 보냈어요. 뭐든 마음대로 해요. 세 번째 해에 노인에게 영지를 담보로 대출받으라고 설득하고... 왜죠? 뭐가 필요해서요? 순종 칠면조와 새끼 돼지를 샀지만, 그것들은 죽었어요. 비싼 양봉장을 만들었지만, 모든 꿀벌은 겨울에 얼어 죽었죠. 영지의 모든 수입을 공사에 쓰고, 심지어 노인에게서 연금을 받아 이리나 니콜라예브나에게 연간 600루블을 보내요. 마치 그녀 수입의 일부인 것처럼요. 그리고 그녀는 기뻐하죠, 왜냐면 구두쇠니까.

도른	(건성으로) 네.

사이.

폴리나	예브게니, 소중한 내 사랑, 날 당신에게 데려가 줘요! 우리의 시간은 사라지고, 우리의 시대는 지나가고 있고, 우리는 더 이상 젊지 않으며, 적어도 우리 인생의 마지막엔 숨기거나 거짓말하지 말아요... 20년 동안 난 당신의 아내였어요... 당신의 친구... 날 당신에게 데려가 줘요.

도른	난 55세이고, 인생을 바꾸기엔 너무 늦었어요.

폴리나	알아요, 당신이 날 거절한다는 걸, 왜냐하면, 나 말고도 당신과 가까운 여자들이 있기 때문이죠. 모두를 받아주는 건 불가능하죠. 이해해요.

92. 할망구

원문에 따르면, 도른은 소린이 남성임에도 불구하고 '늙은 여자'로 칭하며 비난조로 말하고 있다. 이와 같은 의미를 잘 반영하기 위해 늙은 여자를 낮잡아 부르는 의미인 '할망구'라는 단어를 사용하였다.

도른   (노래한다) "만남의 시간에, 이별의 시간에"

         니나가 집 근처에 나타난다. 그녀는 꽃을 따고 있다.

폴리나   (도른에게 목소리를 낮춰서) 당신은 또 이리나 니콜라예브나와 함께 아침 내내 시간을 보냈군요!

도른   나는 누군가와 함께 있어야만 해요.

폴리나   난 질투심에 괴로워요. 용서하세요, 당신을 귀찮게 했어요.

도른   아니, 괜찮아요.

폴리나   물론, 당신은 의사고, 당신은 여성을 피할 수 없죠. 이건 사실이에요. 하지만 알아줘요, 그건 괴로운 일이에요. 여자들과 어울리세요, 하지만 적어도 내가 눈치채지 못하게, 그렇게 하세요.

도른   노력할게요. (니나가 옆으로 다가온다) 거긴 어때요?

니나   이리나 니콜라예브나는 울고 있고, 표트르 니콜라예비치는 천식 증세를 보여요.

도른   (일어난다) 가서 둘에게 발레리안을 건네야지...

니나   (그에게 꽃을 준다) 여기요.

도른   Merci bien.[93] (집으로 걸어간다)

폴리나   (그와 함께 걷는다) 정말 귀여운 꽃이에요! (집 근처에서 들리지 않는 목소리로) 꽃들 이리 줘요! 그 꽃들 이리로 주세요! (꽃을 받고, 그것들을 잘게 찢어 다른 곳으로 팽개친다)

93. Merci bien

'메(흐)씨 비엥'으로 읽는다. 프랑스어로 '정말 감사합니다'라는 뜻이다.

두 사람은 집으로 들어간다.

니나 (혼자서) 정말 이상해, 이런 사소한 이유로 유명한 배우가 우는 걸 본다는 게! 그리고 이상하지 않을 수가 없어, 대중에게 인기 있고, 모든 신문에 나오고, 초상화가 1루블씩에 팔리고, 외국어로 번역되는 유명한 작가가 온종일 낚시를 한다니, 그리고 잉어 두 마리를 잡았다고 기뻐하다니. 난 유명한 사람들은 자신만만할 거라 생각했어, 거만하고, 대중을 경멸할 거라고, 그리고 자신의 명성, 빛나는 이름으로 귀족 출신과 부를 가장 높게 치는 대중에게 복수하는 것 같다고. 하지만 이들은 울고, 물고기를 잡고, 카드놀이를 하고, 웃고 화를 내, 다른 사람들처럼. 그들은 평범해. 어제 내가 그에게 사인해 달라고 요청했는데, 그는, 장난을 치며, 내게 저속한 시를 써줬어. 일부러 저속하게, 모두를 웃게 하려고...

트레플레프 (사냥용 총과 죽은 갈매기를 들고 들어온다) 여기 당신 혼자야?

니나 혼자예요.

트레플레프는 갈매기를 그녀의 발 앞에 놓는다.

니나 이건 무슨 뜻이에요?

트레플레프 난 오늘 이 갈매기를 죽이는 비열함을 가졌어. 당신 발 앞에 놓습니다.

니나 당신 왜 그래요? (갈매기를 들어 올려서 본다)

트레플레프 (잠시 후) 조만간 같은 방법으로 난 나 자신을 죽일 거예요.

니나 난 당신을 알 수 없어요.

트레플레프 네, 내가 당신을 알 수 없게 된 이후로 이렇게 됐죠. 당신은 날 대하는 게 변했고, 시선은 차가우며, 나의 존재는 당신을 구속하죠.

니나 요즘 들어 당신은 쉽게 짜증을 내며 잔소리가 많은 사람이 되었고, 이해할 수 없게끔 모든 걸 표현해요, 어떤 상징으로. 이 갈매기 또한 분명 상징인데, 미안하지만, 난 이해할 수 없어요. (갈매기를 벤치 위에 놓는다) 난 당신을 이해하기에는 너무 단순한 사람이에요.

트레플레프 그건 내 연극이 어리석게 실패한 바로 그날 밤부터 시작됐어요. 여자들은 실패를 용서하지 않아요. 난 모두, 마지막 한 조각까지 다 태웠어요. 내가 얼마나 불행한지 당신이 알 수만 있다면! 당신의 냉담함은 무서워요, 믿을 수 없을 정도로. 마치 잠에서 깨어나 보니 이 호수가 갑자기 말라버리거나, 땅속으로 모두 사라져 버린 것처럼요... 당신은 방금 당신이 너무 단순해서 날 이해할 수 없다고 말했어요. 오, 여기서 뭘 이해해야 합니까? 희곡은 마음에 들지 않았고, 당신은 내 영감을 경멸하고, 이미 날 평범하고 하찮은, 수많은 사람처럼 여기죠. (발을 구른다) 내가 얼마나 잘 알고 있는데요, 나도 잘 알고 있다고요! 나의 뇌는 자존심과 함께 저주받았고, 못이 박혀 내 피를 빨고, 빨아대고, 뱀처럼... (책을 읽으며 걸어오는 트리고린을 보고) 바로 저기 진짜 인재가 오네요. 걸어오네요, 햄릿처럼, 역시 책을 들고. (조롱하며) "말, 말, 말..." 저 태양이 아직 당신에게 오지도 않았는데, 당신은 벌써 미소를 짓고 있고, 그의 빛에 당신의 시선이 녹아버렸군요. 방해하지 않겠습니다. (서둘러 나간다)

트리고린 (수첩에 기록하며) 코담배를 하고 보드카를 마신다. 항상 검은 옷이다. 교사는 그녀를 사랑한다...

니나 안녕하세요, 보리스 알렉세예비치!

트리고린 안녕하세요. 사정이 갑자기 생겨서 아마도, 우리는 오늘 떠날 것 같아요. 우린 다시 만나기 힘들 것 같아요. 유감입니다. 난 젊은 여자,

젊고 매력적인 여자들을 자주 만나지 못하고, 이미 잊어버려 상상할 수 없어요, 18살에서 19살 사이의 기분을. 그래서 내 중편 소설과 단편 소설 속 젊은 여자들은 가짜예요. 단 한 시간만이라도 잠시 당신의 입장이 되어, 당신이 어떻게 생각하는지, 그리고 대체로 어떤 사람인지를 알고 싶어요.

나나   하지만 전 당신 입장이 되고 싶어요.

트리고린   왜요?

나나   알기 위해서요, 유명하고 재능 있는 작가가 스스로 어떻게 느끼는지? 명성은 어떤 느낌이죠? 당신은 유명하다는 걸 어떻게 느껴요?

트리고린   어떻게라니? 아마 아닐 겁니다. 그런 건 전혀 생각해 본 적이 없어요. (생각하다가) 둘 중 하나예요. 당신이 내 명성을 과장하거나, 아니면 전혀 느껴지지 않거나.

나나   하지만 신문에서 자신에 대해 읽는다면요?

트리고린   칭찬할 땐 좋고, 책망할 땐 이틀 동안 마음이 좋지 않아요.

나나   멋진 세계! 내가 얼마나 당신을 부러워하는지 당신이 알까요!

트리고린   그래요, 세계...

나나   사람마다 운명이 달라요. 어떤 사람들은 지루하고, 눈에 띄지 않는 존재로 끌려다니고, 모두 비슷하고, 모두 불행해요. 하지만 다른 사람들, 예를 들어, 백만 명 중 한 명인 당신은 매력 있고, 밝고, 의미 있는 삶으로 가득하고... 당신은 행복해요.

트리고린   내가요? (어깨를 으쓱하며) 음... 당신은 명성에 대해 이야기하고,

행복에 대해 말하고, 밝고, 매력적인 삶에 대해 이야기하고 있습니다. 하지만 이 좋은 말들은, 죄송하지만, 제가 절대 먹지 않는 마멀레이드 와 같아요. 당신은 아주 젊고 친절하네요.

나나   당신의 인생은 정말 멋져요!

트리고린   특별히 좋은 게 뭐죠? (시계를 본다) 난 지금 가서 글을 써야 해요. 미안해요, 시간이 없어요... 당신이 내 아픈 곳을 건드려서, 긴장되고, 약간 화도 나기 시작했어요. 하지만, 이야기해 봅시다. 자, 들어 봐 요... 예를 들어, 사람이 밤낮으로 달에 관한 모든 걸 생각할 때면, 강 박관념[94]이 생겨요, 그리고 내게도 그런 나만의 달이 있어요. 밤낮으로 한 가지 끈덕진 생각이 날 지배해요, 난 써야 한다, 써야만 한다, 반 드시... 중편 소설을 겨우 끝내면, 왠지 벌써 또 다른 걸 써야 하고, 그 뒤엔 세 번째, 세 번째 다음에는 네 번째, 끊임없이 쓰고, 말을 바 꾸면서 계속 달리는 마차처럼, 다른 건 할 수가 없죠. 내가 당신에게 묻자면, 여기서 좋은 게 뭐죠? 아, 정말 황량한 인생이죠! 여기 당신 과 함께, 난 설레고 있지만, 동시에 기억해요, 끝나지 않은 소설이 방 안에서 날 기다리고 있다는걸. 저기 그랜드 피아노를 닮은 구름이 보 이네요. 난 생각해요, 이야기 안 어딘가에 그랜드 피아노를 닮은 구름 이 흘러간다는 것을 꼭 써야겠다고. 헬리오트로프[95] 향기가 나네요. 재 빠르게 콧수염을 감죠.[96] 감미로운 향기, 미망인의 색,[97] 이건 여름의 저녁을 묘사할 때 써야지! 나 자신과 당신을 각각의 구절, 각각의 단 어로 포착하고, 그리고 서둘러서 재빨리 이 모든 구절과 단어들을 나 의 문학 창고에 가두는 거죠. 아마 쓸모가 있을 테니! 일을 마치면, 극장으로 달려가거나, 물고기를 잡아요. 거기서 쉬고, 잊었으면 하죠, 하지만, 아니요, 벌써 머리엔 무거운 무쇠 공, 새로운 줄거리가 굴러다 녀요, 그리고 이미 날 책상으로 잡아끌죠. 서둘러서 쓰고 또 쓰지 않 으면 안 됩니다. 이렇게 항상, 언제나 나 스스로 휴식을 갖지 못해요. 그리고 난 느껴요, 나 자신의 인생을 파먹고 있다는걸. 어딘가에 있는 누군가에게 줄 꿀을 위해, 나의 가장 좋은 꽃들로부터 꽃가루를 모으 고, 바로 그 꽃들을 찢고 뿌리를 짓밟는다는걸.

94. 강박관념

95. 헬리오트로프

페루 원산의 여러해살이풀로 허브의 일종이다. 높이는 약 1m 정도로, 보라색 또는 자주색의 꽃이 깔때기 모양으로 여름과 가을에 핀다. 꽃이 작아도 향이 강하여 대량 재배를 통해 향수를 만들기도 한다.

96. 콧수염을 감죠.

무언가를 기억하려고 할 때 하는 행동을 뜻하는 관용표현이다. 작가의 단어 선택 의도를 살리기 위해 원문에 있는 표현을 그대로 번역하였다. 실제로 이 관용표현은 다른 러시아 문학 작품에 '콧수염을 흔든다', '콧수염에 바람이 분다', '콧수염을 감는다' 등의 형태로 자주 나타난다. 잘 기억하기 위해 매듭을 묶었던 고대의 관습에서 온 표현으로 알려져 있다. 콧수염이 길수록 감을 수 있는 양이 많아져 더 많이 기억할 수 있으므로, 이것이 곧 성숙하고 지혜로운 남성을 뜻하기도 하는 재치 있는 표현이다.

97. 감미로운 향기, 미망인의 색,

헬리오트로프꽃을 묘사하는 트리고린의 문학적 표현이다.

내가 살아있는 걸로 보여요? 정말 난 미친 게 아닐까요? 정말 내 가까운 사람들과 지인들이 날 정상적인 사람으로 대하고 있는 걸까요? "뭘 쓰고 있나요? 우리에게 뭘 줄 거죠?" 똑같아요, 다 똑같아요, 그리고 난 지인들의 주목, 찬사, 열광, 이 모든 게 거짓말이고, 환자한테 하듯 날 속이는 것처럼 보여요. 그리고 난 가끔 무서워요, 그들이 곧 내 뒤로 살며시 다가와, 날 잡아서 정신병원으로 데려가진 않을지, 마치 포프리쉰[98]처럼. 그리고 그 시절, 젊고, 가장 좋았던 시절, 내가 시작했던 때에, 나의 글쓰기 작업은 끊임없는 고통이었어요. 어린 작가는, 특히 그가 운이 없을 때, 스스로 서투르고, 어색하고, 쓸모없다고 여겨서, 그의 신경은 곤두서고, 초조해지게 돼요. 문학과 예술 관계자들 주변을 걷잡을 수 없이 돌아다니고, 인정받지 못하고, 아무에게도 주목받지 못하며, 돈이 없는 어떤 열렬한 도박꾼처럼 똑바로 자신 있게 두 눈을 바라보는 걸 두려워하죠. 난 내 독자를 보지 못했지만, 어쩐 일인지 내 상상 속에선 날 적대시하고, 불신하는 것 같아요. 난 관객이 무서웠고, 그들은 날 두렵게 했어요, 그리고 나의 새 희곡을 상연해야 할 때면, 난 매번 느꼈어요, 갈색 머리들은 적대감을 가지고, 금발 머리들은 차갑게 무관심하다는 것을. 아, 정말 그건 끔찍해요! 얼마나 고통인지!

나나   죄송하지만, 영감과 창작의 과정 그 자체는 당신에게 고상하고 행복한 순간을 주지 않나요?

트리고린   네... 쓸 때는, 좋아요... 교정본을 보는 것도 즐거워요, 하지만... 출판되자마자, 난 견딜 수가 없어요, 난 벌써 잘못됐다고 느끼죠, 실수라고, 이건 애초에 쓰지 말았어야 했다고. 그리고 난 화가 나고, 마음이 비참해져요... 사람들은 읽고, "그래, 좋아, 재능 있어... 좋아, 하지만, 톨스토이까진 멀었지", 또는 "매우 훌륭한 작품이야, 하지만, 투르게네프[99]의 〈아버지와 아들〉[100]이 더 나아." 이렇게 죽을 때까지, 좋아 재능 있어, 좋아 재능 있어, 그 이상은 없어요, 그리고 죽으면, 지인들이 무덤 옆을 지나가며 이렇게 말하겠죠, "여기 트리고린이 잠들어 있어. 괜찮은 작가였지, 하지만 투르게네프보단 못 썼어."

98. 포프리쉰

니콜라이 고골(Николай Васильевич Гоголь, 1809-1852)의 〈광인 일기〉라는 작품의 주인공이다. 과대망상증을 앓고 있으며, 정신없이 낙서하는 모습을 보인다. 하급 관료지만 최고위 상사의 딸에게 사랑에 빠지고, 결국 정신병원에서 최후를 맞는다.

99. 투르게네프

이반 세르게예비치 투르게네프(Иван Сергеевич Тургенев, 1818-1883)는 도스토옙스키, 톨스토이와 함께 19세기 러시아를 대표하는 사실주의 문학의 3대 거장으로 일컬어진다. 대표작으로는 〈아버지와 아들〉, 〈첫사랑〉, 〈루딘〉 등이 있다.

100. 〈아버지와 아들〉

1862년에 발표된 투르게네프의 장편 소설로, 19세기 러시아의 격동기를 섬세하게 표현했다. 〈아버지와 아들〉로 번역되었지만 사실 원제를 직역하면 '아버지들과 아들들'로, 복수형이다. 한 가족만의 이야기가 아닌 세대 간의 문제를 다룬 작품이기 때문이다. 보수파인 아버지와 급진파인 아들의 세대 갈등과 대립을 날카로운 시각으로 잘 그려냈다는 평을 받는 작품이지만 문제작으로 불리기도 하는데, 소설의 설정상 '진보적 서구파'와 '보수적 슬라브파' 모두의 비판을 받을 만한 지점이 있기 때문이다.

나나   죄송하지만, 당신을 이해하지 않겠어요. 당신은 성공해서 그저 어리광
을 부리는 거예요.

트리고린   어떤 성공? 난 한 번도 스스로에게 만족한 적 없고, 좋아한 적이 없어
요. 무엇보다도 더 나쁜 건, 내가 어떤 멍한 상태에 있고, 어떻게 그
리고 무엇을 쓰고 있는지 자주 이해하지 못한다는 거예요. 난 이 물,
나무, 하늘을 사랑하고, 자연을 느끼고, 그건 나의 열정, 글을 쓰고자
하는 거부할 수 없는 욕망을 불러일으켜요... 하지만, 나는 단순한 풍
경 화가가 아니라 시민이며, 내 조국과 민족을 사랑하죠. 난 내가 작
가라면, 국민에 대해, 그들의 고통에 대해, 그들의 미래에 관해 이야기
해야만 하는 의무가 있고, 과학에 대해 말하고, 인권에 대해 그리고
그 밖의 또 다른 것들에 대해 말해야 한다고 느껴요. 그래서 난 모든
것들에 대해 말하고, 서둘러요, 사방에서 날 재촉하고, 화를 내니, 난
개들에게 몰리는 여우처럼 이리저리 갈팡질팡하는 거죠. 인생과 과학
은 계속 앞으로 또 앞으로 나아가는 게 보이는데, 난 계속 뒤처지고
또 뒤처져요, 기차를 놓친 농부처럼요, 그리고, 결국, 느끼죠, 난 오직
풍경만 그릴 줄 안다는 걸, 그리고 나머지 모든 것들에선 뼛골까지 가
짜 그리고 또 가짜라는 걸요.

나나   당신은 일에 지쳐서 자신의 가치를 깨달을 시간도 열의도 없는 거예
요. 당신 스스로는 불만족해도, 다른 사람들에겐 당신은 위대하고 아
름다워요! 내가 만약 당신 같은 이런 작가이고, 대중들의 행복이 오로
지 나만큼 높아지는 것에 있다는 걸 알게 된다면, 난 내 인생 전부를
대중에게 바쳤을 거예요. 그러면 그들은 날 전차에 태우고 다니겠죠.

트리고린   (당황하며) 하, 전차에... 내가 뭐 아가멤논[101]인가요?

두 사람 미소 짓는다.

나나   작가나 배우가 되는 그런 행복을 위해서, 전 사랑하는 사람들의 미움도,
가난도, 실망도 견딜 수 있고, 지붕 아래에서 오직 호밀빵만 먹으면서도

101. 아가멤논

'아가멤논'은 그리스 신화에 등장하는 인물로, 트로이 전쟁에서 활약하는 그리스 동맹군의 총지휘관이다. 트리고린은 대중이 자신을 전차에 태우고 다닐 것이라는 니나의 말을 듣고, 전쟁에서 승리한 아가멤논이 전차를 타고 등장하여 환영받는 이야기를 바탕으로 이런 표현을 활용해 농담 섞인 말을 하고 있다.

살 수 있어요. 스스로에 대한 불만과, 나의 불완전함을 인식하며 괴로워하겠지만, 그 대신 전 명성을 요구할 거예요... 정말, 떠들썩한 명성... (두 손으로 얼굴을 가린다) 머리가 빙글빙글 돌아요... 아.

아르카지나 (집에서 목소리가 들린다) 보리스 알렉세예비치!

트리고린 날 부르네요. 짐을 싸야 해요. 당신을 떠나고 싶지 않아요. (호수를 돌아본다) 이건 축복이에요! 멋져요!

니나 저 강가에 집과 정원이 보이세요?

트리고린 네.

니나 저건 돌아가신 어머니의 저택이에요. 전 거기서 태어났어요. 이 호수 근처에서 평생을 보냈고 모든 섬을 다 알고 있죠.

트리고린 당신은 참 좋은 곳에 있군요! (갈매기를 보고 나서) 이건 뭐죠?

니나 갈매기. 콘스탄틴 가브릴리치가 죽였어요.

트리고린 아름다운 새군요. 그래요, 정말 떠나기 싫군요. 이리나 니콜라예브나에게 좀 더 머무르라고 설득해 주세요. (수첩에 기록한다)

니나 뭘 쓰세요?

트리고린 그냥, 적는 거예요... 줄거리가 떠올라서요... (수첩을 넣으며) 작은 단편 소설을 위한 줄거리예요. 이렇게 당신처럼 호숫가에서 어릴 적부터 산 젊은 아가씨, 갈매기처럼 호수를 사랑하고, 갈매기처럼 행복하고 자유롭고. 하지만 우연히 한 남자가 와서, 보고는, 그 이상은 할 게 없어 파멸시켜 버렸다,[102] 바로 이 갈매기처럼.

102. 우연히 한 남자가 와서, 보고는, 그 이상은 할 게 없어 파멸시켜 버렸다

기존의 번역서들에서는 '심심풀이'로, '아무 생각 없이', '아무 이유 없이' 파멸시킨다는 의미로 번역되어 있다. 사실 원문이 의미하는 바를 우리 말로 가장 가깝게 풀이해 보면 '파멸시키는 행위 말고는 다른 그 어떤 것도 할 게 없으므로 파멸시킨다'라는 것이다. 얼추 같은 맥락이라고 볼 수도 있겠으나, 이 책에서는 원문이, 심심함을 잊고 시간을 보내기 위해 하는 일을 뜻하는 '심심풀이'나, '아무 생각/이유가 없어 파멸시킨다'라는 것과는 명확히 다른 의미를 가진다고 판단하였다. 따라서 원문 그대로에 가장 가깝게 번역하였다.

| 니나 | (움찔하며) 그러지 마세요! |

사이.
창문에 아르카지나가 보인다.

| 아르카지나 | 보리스 알렉세예비치, 어디 계세요? |

| 트리고린 | 가요! (가다가 니나를 돌아본다. 창문에서, 아르카지나에게) 왜요? |

| 아르카지나 | 우린 남을 거예요. |

트리고린은 집 안으로 간다.

| 니나 | (각광[103] 쪽으로 다가오며, 잠시 생각한 후) 꿈이야! |

- 막 -

103. 각광

무대 앞쪽 바닥에 설치하여 위로 향하게 해 배우를 비추는 연극 조명의 명칭이다.

3막

소린 저택의 식당.
뷔페식당이다.
오른쪽, 왼쪽에 문. 찬장. 약품 넣는 벽장. 방 중앙에 식탁.
여행 가방과 몇 개의 상자.
떠날 준비를 하고 있다.
트리고린은 아침 식사를 하고 있고, 마샤는 식탁 옆에 서 있다.

마샤   모든 걸 얘기할게요. 작가로서 사용하셔도 돼요. 솔직히 말해서, 만약 그가 심각하게 다쳤다면, 나는 단 1분도 살 수 없었을 거예요. 하지만 난 용감해요. 그래서 결정했어요. 내 심장에서 이 사랑을 뽑아내기로. 뿌리째 뽑아내기로...

트리고린   어떻게요?

마샤   시집갈 거예요. 메드베젠코에게.

트리고린   그 교사요?

마샤   네.

트리고린   이해가 안 돼요, 정말 필요한 건지.

마샤   희망 없이 사랑하고, 수년 동안 뭔가를 기다리고... 결혼하면, 더 이상 사랑은 없을 거고, 새로운 걱정이 낡은 모든 것들을 죽여 버릴 거예요. 어쨌든, 아시다시피, 변화... 한 잔 더 할까요?

트리고린   과하지 않을까요?

| 마샤 | 자, 여기요! (한 잔씩 따른다) 그렇게 쳐다보지 마세요. 여자들은 더 자주 마셔요, 당신 생각보다. 소수의 사람만 나처럼 공개적으로 술을 마시고, 대부분은 비밀이죠. 그래요. 항상 보드카 아니면 코냑이죠. (건배한다) 당신을 위하여! 당신은 꾸밈없는 사람이라, 당신과 헤어지는 게 유감이에요. |

그들은 마신다.

| 트리고린 | 나도 떠나고 싶지 않아요. |

| 마샤 | 당신이 물어보세요, 그녀에게 더 머무르자고. |

| 트리고린 | 아니, 이제 머무르지 않을 거예요. 아들이 극단적으로 경솔한 행동을 해서요. 권총으로 자살하려 하고, 이젠 다들 말하더군요, 내게 결투[104]를 신청할 거라고. 뭘 위해서죠? 화를 내고, 콧방귀를 뀌고, 새로운 형식을 설교하고... 하지만 모든 것엔 충분한 자리가 있어요. 새로운 것이든, 오래된 것이든. 왜 밀쳐내죠? |

| 마샤 | 음, 질투심. 하지만, 그건 내가 할 일이 아니에요. |

사이.
야코프가 왼쪽에서 오른쪽으로 여행 가방을 들고 지나간다.
니나가 들어와 창가에 멈춰 선다.

| 마샤 | 우리 선생님은 아주 똑똑하지는 않지만 착하고, 가난하고, 절 무척 사랑하고 있어요. 그 사람이 불쌍해요. 그의 늙은 어머니도 불쌍해요. 자, 좋은 일만 가득하시길. 나쁘게 기억하지 마세요.[105] (손을 꼭 잡으며) 친절한 호의에 정말 감사드려요. 당신 책을 제게 꼭 보내주세요. 반드시 친필 서명과 함께. '존경하는'이라고 쓰지 마시고, 다만 이렇게요. '부모가 누군지도 모르고,[106] 무엇 때문에 이 세상에 살고 있는지 모르고 있는 마리야에게.' 안녕히 가세요! (나간다) |

104. 결투

결투는 프랑스식 예법과 생활양식을 모방하는 것이 유행하면서 전파된 문화로, 19세기 전체에 걸쳐 러시아 사회에 광범위하게 확산하였다. 당시 러시아 문학의 소재로 빈번하게 등장한다는 점을 통해 그 유행의 정도를 짐작할 수 있는데, 알렉산드르 푸시킨(Александр Сергеевич Пушкин, 1799-1837)의 〈예브게니 오네긴〉, 〈대위의 딸〉, 〈일발〉, 미하일 레르몬토프(Михаил Юрьевич Лермонтов, 1814-1841)의 〈우리 시대의 영웅〉, 〈가면무도회〉, 투르게네프의 〈아버지와 아들〉, 톨스토이의 〈전쟁과 평화〉, 체호프의 〈결투〉, 〈곰〉, 〈세 자매〉 등이 그러한 예로, 결투가 러시아인의 일상에서 매우 흔한 요소로 자리 잡고 있음을 알 수 있다. 〈갈매기〉에서 트레플레프가 트리고린에게 결투를 신청하는 것도 이러한 문화를 반영한 모습이다. 실제로 푸시킨 역시 결투를 벌이다 사망했다.

105. 나쁘게 기억하지 마세요.

기존의 번역서들에서는 '나를 나쁘게 기억하지 마세요', '나쁜 건 기억하지 마세요' 등의 표현으로 번역되어 있다. 원문 그대로를 직역하자면 '나쁘게 기억하지 마세요'가 되는데, 이 표현은 러시아인들이 헤어질 때, 특히 누군가가 오랫동안 또는 영영 떠날 때 사용하는 관용적 표현이다. 러시아 문학 작품에 자주 등장하며, 러시아 속담에서도 쉽게 찾아볼 수 있다. 의미를 더욱 깊게 살펴보자면 '나쁘게'라고 번역되는 단어 'лихой'에 주목해야 하는데, 매우 오래전에 사용되곤 했던 이 단어는 불행, 슬픔, 삶의 문제 또는 죽음과 같이 복합적으로 부정적인 것들을 가리킨다. 이를 고려하여 본 문장이 관용적 표현으로서 가지는 의미를 해석해 보면, 위험, 문제, 질병, 심지어 죽음으로부터 그 사람이 무사하길 바라며 말하는 일종의 주문이라 볼 수 있다. 갈매기에서는 마샤와 아르카지나가 사람들과 헤어질 때 이 표현을 사용한다. 이는 기존의 번역본들처럼 '나(화자)에 대한 나쁜 기억을 잊어달라'라는 의미로 해석할 것이 아니라, 러시아 문화에서 자주 사용되는 안녕을 기원하는 관용 표현으로 이해해야 한다.

106. 부모가 누군지도 모르고

해당 구절의 러시아 원문을 그대로 직역하면 '친족 관계를 기억하지 않는'으로 번역되며, '출신을 알 수 없는', '부모가 누군지도 모르는' 등의 의미로 해석할 수 있다. 이 표현은 여권이 없는 부랑자들에 대해 보고서를 쓸 때 러시아 경찰들이 사용하던 관용 표현으로, 국내 다른 번역서에는 '어디서 왔는지 모르는' 등으로 번역되어 있다. 하지만, 마샤는 이러한 표현을 통해 자기 출생의 비밀을 알고 있는 듯한 모습을 보이므로, 이를 반영하기 위해 원문에 나타난 원어 표현에 최대한 가까운 의미로 번역하였다.

나나   (주먹을 꽉 쥔 손을 트리고린 쪽으로 뻗으며) 짝수 또는 홀수?

트리고린   짝수.

나나   (한숨을 쉬며) 아녜요. 제 손안엔 완두콩이 한 알밖에 없어요. 전 궁금
          해요. 배우가 될지, 아니면 안 될지? 누가 조언해 줄 수 있으면 좋을
          텐데.

트리고린   이런 건 조언할 수 없어요.

                        사이.

나나   우린 헤어지고... 아마 다시는 못 볼 거예요. 이 작은 메달을 기념으로
          받아주세요. 당신의 머리글자[107]를 새겨 주문했어요... 이쪽은 당신 책
          의 제목이죠. 〈낮과 밤〉.

트리고린   정말 우아하군요! (메달에 키스한다) 매력적인 선물이에요!

나나   가끔 절 생각해 주세요.

트리고린   기억할게요. 난 당신을 기억할 거예요. 맑은 날 당신의 모습을... 기억
          해요? 일주일 전, 당신이 밝은 드레스를 입고 있었을 때... 우린 이야
          기를 나눴죠. 그땐 심지어 벤치 위에 하얀 갈매기가 놓여 있었어요.

나나   (생각에 잠겨서) 네, 갈매기...

                        사이.

          우린 더 이상 이야기할 수 없어요. 그들이 이리로 오고 있어요... 떠나
          기 전에 2분만 주세요. 제발요...

107. 머리글자

이름의 초성을 철자로 새긴 것으로, 흔히 '이니셜'이라 불린다. 이니셜은 외국어이므로, 표준어로 '머리글자'라 번역하였다.

왼쪽으로 나간다.
동시에 오른쪽에서 아르카지나, 별 훈장이 달린 연미복을 입은 소린,[108]
그리고 짐 싸기에 열중하고 있는 야코프가 들어온다.

아르카지나　집에 계세요, 영감님. 류머티즘이면서 어딜 여기저기 돌아다니겠다는 거예요? 정신 차리세요, 영감님! (트리고린에게) 지금 나간 사람이 누구죠? 니나?

트리고린　네.

아르카지나　Pardon.[109] 우리가 방해했네요... (앉는다) 모두 다 챙긴 것 같아요. 피곤해 죽겠어.

트리고린　(메달에 적힌 걸 읽는다) 「낮과 밤」, 121쪽, 11에서 12행.

야코프　(탁자를 치우며) 낚싯대도 챙길까요?

트리고린　네, 전 그것들이 아직 필요해요. 그리고 책은 아무한테나 줘 버려요.

야코프　알겠습니다.

트리고린　(혼잣말로) 121쪽 11, 12행. 그 줄에 뭐가 있었더라? (아르카지나에게) 이 집에 내 책들이 있어?

아르카지나　오빠 서재에, 모퉁이에 있는 책장에 있어.

트리고린　121쪽이라... (나간다)

아르카지나　정말로, 페트루샤, 집에 남아 있어요...

소린　너희가 떠나면, 너희들 없이 집에서 지내는 게 나는 힘들 거야.

108. 별 훈장이 달린 연미복을 입은 소린

소린이 실제 4등 문관이었고, 근무 당시 그의 착장을 알 수 있는 구절이다. 별 모양의 장식품이 달린 연미복을 입고 외출을 준비하는 소린의 모습을 찾아볼 수 있다. 4등 문관에 관한 상세한 내용은 4막의 139번 주석을 참고하길 바란다.

109. Pardon.

'빠(흐)동'으로 읽는다. 프랑스어로 '미안해요'라는 뜻이다.

아르카지나 근데 도시엔 뭐가 있어요?

소린 특별한 것은 없지만, 그래도... (웃는다) 젬스트보[110] 건물 기공식도 있고, 다른 것들도 있고. 적어도 한두 시간이라도 이런 꼬치고기 같은 생활에서 벗어나고 싶어, 이미 난 아주 낡은 파이프처럼 계속 누워있었어. 1시까지 말을 준비하라고 했으니, 1시에 출발할 거야.

아르카지나 (잠시 사이를 두고) 자, 여기 사세요, 지루해하지 말고, 감기 걸리지 말고. 아들을 지켜봐 줘요. 그 애를 보살펴 주세요, 타일러주세요.

사이.

난 이렇게 떠나요, 콘스탄틴이 왜 총으로 자살하려 했는지 알지도 못한 채. 아마도 주된 원인은 질투인 것 같아요, 내가 트리고린을 여기서 빨리 데려갈수록 더 나아요.

소린 어떻게 말해야 할까? 다른 이유들도 있어. 분명한 건, 젊고 똑똑한 남자가 시골에 살고, 이런 벽지에서, 돈도 없고, 지위도 없고, 미래도 없고... 직업도 없어... 자신의 쓸모없음을 두려워하고 부끄러워해. 나는 걜 대단히 사랑하고 그 애는 내게 애착을 두고 있지만, 결국, 그 앤 아마도 이렇게 느끼는 것 같아. 이 집에서 불필요하고, 군식구, 식객이라고... 분명한 건, 자존심이...

아르카지나 그 아이 때문에 속상해요! (생각에 잠겨) 그 애가 취직이라도 하면, 어떨지...

소린 (휘파람을 분다. 그 후 망설이면서) 아마도 내 생각에는, 네가... 그 아이에게 돈을 약간 준다면 가장 좋을 것 같아. 우선 그 앤 사람답게 옷을 입을 필요가 있어. 봐, 걘 3년 동안 같은 프록코트[111]를 끌고 다녀, 외투도 없이... (웃는다) 젊은 사람이 즐기는 게 좋지... 외국으로 가거나, 아니면... 어쨌든 그건 돈이 많이 안 들잖아.

110. 젬스트보

젬스트보(Земство)는 러시아 각 지방의 자치 기관이다. 1864년 알렉산드르 2세가 지방 행정제도 개혁 정책의 하나로 설치하였다. 젬스트보가 설치되기 이전의 러시아는 지방 행정 제도가 빈약했고, 산발적으로 설치된 귀족 중심의 정부 부처들이 행정과 징세권을 놓고 자주 갈등을 빚었다. 하지만 알렉산드르 2세의 통치 시기와 맞물려 러시아의 경제 상황이 변화하고 농노해방령으로 인해 농민들이 자유민이 되면서, 러시아 정부는 더는 지방 통치를 기존 관료와 귀족들에게 일임할 수가 없게 되었다. 또한, 지역 주민들의 지방 행정 참여를 배제한 것이 지방의 각종 문제를 더 악화시켰으므로, '주·군 지방 자치 기관에 관한 법'을 제정하고 각 주와 군에 젬스트보를 설립하게 된 것이다. 젬스트보는 신분에 상관없이 지주, 도시민, 농민 공동체의 3개 계층이 3년 임기의 의원을 선출하고 선출된 의원들이 운영 기관과 집행 기관을 구성하는 제도였으며 각 지역의 주지사와 내무부 장관의 통제를 받았다. 귀족과 관료를 대신해 젬스트보가 지방 자치를 시작한 이후, 러시아의 지역 경제는 본격적으로 성장하게 되었는데 특히 교육과 보건 수준이 상당히 향상되었다. 젬스트보가 담당하였던 대표적인 업무로는 학교와 병원 설립, 의료 보험 제도 개선, 무역, 지역 산업 발전, 영농 기술 및 농기구 개발 지원, 도로 건설 및 정비 등이 있다.

111. 프록코트

프록코트는 남성용 의복 중 하나로, 길이는 무릎까지 오며 형태는 더블브레스트다. 더블브레스트는 앞여밈을 두 겹으로 하는 옷의 형태를 가리키는 말로, 여밈선이 왼쪽에 있다. 정장 위에 걸쳐 입는 겨울용 코트의 효시가 된 옷이며, 현대에서는 정장 그 자체로도 존재한다. 폴란드 경기병의 실용적인 군용 코트에 영향을 받아 변형된 디자인으로 영국 및 프랑스 귀족들 사이에서 유행하게 된 것이 기원이며, 이후 유럽 전체의 유행으로 번지게 되었다. 워낙 크게 유행했던 옷이라 18~19세기의 귀족 남자들이 등장하는 희곡, 소설 등에 착장으로 많이 언급된다.

아르카지나　　그래도. 어쩌면, 옷은 가능할 수 있지만, 외국 여행이라니... 아니야, 지금으로선 옷도 불가능해요. (단호하게) 난 돈이 없어요!

　　　　　　　　　　　　소린이 웃는다.

없어요!

소린　　(휘파람을 불며) 그래. 미안해, 얘야, 화내지 마. 난 널 믿어. 너는 관대하고 고귀한 여자야.

아르카지나　　(눈물을 글썽이며) 난 돈이 없어요!

소린　　만약 내가 돈이 있다면, 분명한 건, 난 그 애에게 주겠다만, 난 한 푼도 없어. (웃는다) 내 연금은 다 없어졌어! 농업과 축산업, 모든 것을 위해 나갔어.[112]

　　　　　　　　　　메드베젠코가 들어온다.

아르카지나　　그래요, 난 돈이 있어요, 하지만 배우잖아요. 의상만 해도 정말 파산이라고요.[113]

메드베젠코　　(두꺼운 담배를 피우며, 그 누구도 신경 쓰지 않고) 텔랴티예보[114]의 선생님이 건초를 매우 좋은 가격에 샀대요. 배달을 포함해서 한 푸드에 각 9코페이카씩. 그리고 전 지난주에 각 11코페이카를 냈어요. 이러니 제자리를 맴도는 거죠. (소린의 별 훈장을 구경하며) 이거 당신 건가요? 음... 저도 메달을 받았었는데, 돈을 보내줬다면 더 좋았을 것 같아요.

아르카지나　　세묜 세묘니치[115], 오빠랑 이야기할 수 있게 배려 좀 해주시겠어요. 우리 둘만 있으면 좋겠어요.

메드베젠코　　아, 알겠습니다! 이해해요... 이해합니다... (나간다)

112. 내 연금은 다 없어졌어! 농업과 축산업, 모든 것을 위해 나갔어.

2막에 나타난 폴리나의 말을 살펴보면, 샤므라예프가 어떻게 소린의 영지를 망치고 돈을 낭비하고 있는지에 관한 상세한 내용이 나와 있다. 이후 수정된 대본들에서는 폴리나의 말이 삭제되고, 소린의 말이 그 내용을 포함하는 식으로 수정되었는데, 기존의 번역서들에서는 수정된 내용으로 번역되어 있다. 이 책에서는 2막에 나오는 폴리나의 말, 3막에 나오는 소린의 말을 각각 '검열 전 대본' 그대로를 번역하였다.

113. 의상만 해도 정말 파산이라고요.

19세기에 러시아에서 유행했던 연극 풍토 중 하나는, 관객의 눈과 마음을 사로잡으며 마치 패션쇼를 연상케 하는 화려하고 사치스러운 의상들이었다. 대중의 요구에 응하길 바라는 극장 관계자들은 의상이 많은 여성 배우의 고용을 선호하거나, 작은 규모의 공연에서도 여러 벌의 의상을 갈아입는 요소를 넣기도 했다. 그 때문에 여배우들은 의상에 많은 돈을 써야 했고, 실제 한 배우가 자신의 급여 중 3분의 2가량을 의상 지출을 위해 사용했다는 자료가 현재까지도 남아 전해지고 있다. 심지어 일부 배우들이 캐스팅이 되기 위해 성(性)을 팔면서까지 의상비를 마련하는 경우도 있었기에, 능력보다 의상을 중시하는 세태와 제작자들의 자본주의적 태도, 비도덕적 관행을 비판하는 책이 출판되기도 했다. 실제 19세기 러시아의 유명 배우였던 마리아 사비나(Мария Гавриловна Савина, 1854-1915)는 6개월 정도에 걸쳐 진행되는 한 시즌 동안 의상비에만 약 7천 루블을 사용하기도 했다고 한다.

> **집필진의 분석 노트** 아르카지나가 진짜 돈이 없는 것인지, 아니면 않는 소리를 하는 것인지 그동안 궁금해하는 배우들이 많았다. 위 주석에 등장하는 마리아 사비나는 '러시아 연방 공훈 예술가(Meritorious Artist, 예술 분야에서 뛰어난 업적을 달성한 예술가에게 수여)'라는 명예 칭호를 수여한 전설적인 배우이다. 이런 배우도 약 6개월 동안 7천 루블이나 의상비에 사용했다고 하는데, 메드베젠코의 월급이 23루블인 것을 생각하면 의상비 문제가 배우들에게 얼마나 금전적으로 심각한 영향을 미쳤을지 가늠할 수 있다. 아르카지나도 이 문제에 관해서는 자유로울 수 없었을 것이다. 집필진은 이 자료를 찾고 나서야 아르카지나가 왜 '의상비만 해도 정말 파산'이라고 하는지, 눈물을 글썽이면서까지 소린에게 돈이 없다고 하는지 진정으로 이해하게 되었다. 나나 또한 이런 상황 속에서 배우 활동을 한 것이므로, 추후 얼마나 어려움을 겪을지 예상해 볼 수 있다.

114. 텔랴티예보

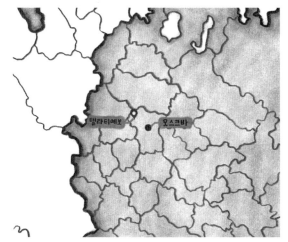

텔랴티예보(Телятьево)는 모스크바 근교의 지역명이다.

115. 세묘니치

주석 19번에서 언급한 것과 같이, 메드베젠코의 이름은 '세묜 세묘노비치 메드베젠코', 정식 부칭은 '세묘노비치'이지만, 여기서 아르카지나가 부르는 부칭은 '세묘니치'로 적혀 있으므로 원어 표현 그대로를 기록하였다.

소린   쟤는 아침 일찍부터 여길 와. 모두에게 돌아다니면서 뭔가에 관한 얘기 하는데... (웃는다) 착한 사람인데... 하지만 이제 정말 지겨워. (비틀거린다) 머리가 어지러워. (탁자를 붙잡는다) 난 몸이 안 좋아...

아르카지나   (겁에 질려서) 페트루샤! (그를 지탱하려 노력하며) 페트루샤, 소중한 내... (소리친다) 나 좀 도와줘요! 도와주세요!

머리에 붕대를 감은 트레플레프가 들어오고, 메드베젠코가 돌아온다.

아르카지나   몸이 안 좋나 봐!

소린   아무것도 아니다, 아무것도 아니야... (미소 지으며 물을 마신다) 벌써 지나갔다... 그래.

트레플레프   (어머니에게) 놀라지 마세요, 엄마, 위험한 건 아니에요. 요새 삼촌 자주 이래요. (삼촌에게) 삼촌, 누우셔야 해요.

소린   조금만, 그래... 그래도 난 도시로 갈 거야... 누워있다가 갈 거야... 분명한 건... (지팡이에 의지하며 걷는다)

메드베젠코   (그의 팔을 부축하며) 수수께끼[116]가 있어요. 아침에는 네 개, 정오에는 두 개, 저녁에는 세 개...

소린   (웃는다) 바로 그거야. 밤에는 등을 대고. 고마워, 나 스스로 걸을 수 있어...

메드베젠코   이런 참, 사양하시기는!

메드베젠코와 소린은 나간다.

아르카지나   오빠 때문에 얼마나 놀랐는지!

116. 수수께끼

메드베젠코가 소린을 부축하며 내는 수수께끼는 소포클레스($\Sigma o \varphi o \kappa \lambda \tilde{\eta} \varsigma$, B.C. 497-496)의 작품 〈오이디푸스 왕〉에서 스핑크스가 오이디푸스에게 내는 수수께끼다. 인간의 생애 주기를 하루에 빗댄 수수께끼로, 유년기에는 팔, 다리를 모두 활용해 기어다니는 모습, 청년기에는 두 발로 걸어 다니는 모습, 노년기에는 지팡이와 함께 총 세 발로 보행하는 모습을 표현한 것이다. 따라서 메드베젠코가 제시한 수수께끼의 정답은 '인간'이다. 소린은 죽음을 맞이하는 시기인 밤에는 등을 대고 눕는다며 메드베젠코의 농담에 응하고 있다.

트레플레프 시골에 사는 건 삼촌 건강에 안 좋아요. 우울해하세요. 만약 엄마가, 갑자기 너그럽게 1,500에서 2,000루블쯤 빌려주신다면, 삼촌은 도시에서 일 년 내내 살 수 있을 거예요.

아르카지나 난 돈이 없어. 난 배우야, 은행원이 아니라.

사이.

트레플레프 엄마, 붕대 갈아주세요. 잘하시잖아요.

아르카지나 (약장에서 요오드와 붕대가 든 상자를 꺼낸다) 의사 선생님이 늦으시네.

트레플레프 10시에 오신다고 했는데, 벌써 정오예요.

아르카지나 앉아. (그의 머리에서 붕대를 푼다) 마치 터번을 쓴 것 같네. 어제 부엌에서 한 방문객이 묻더라. 네가 어떤 민족[117]이냐고. 상처가 정말 거의 아물었네. 아주 조금 남아있어. (그의 머리에 키스한다) 내가 없다고 다시 탕-탕- 하는 건 아니지?

트레플레프 아니에요, 엄마. 그땐 스스로 통제할 수 없을 정도로 이성을 잃은 절망적인 순간이었어요. 더는 반복되지 않을 거예요. (그녀의 손에 키스한다) 엄만 황금빛 손을 가졌어요. 기억나요, 아주 오래전, 엄마가 아직 국립 극장[118]에서 일하실 때, 전 그때 자그마했어요. 우리 마당에서 싸움이 났는데, 세 들어 살던 세탁부가 심하게 맞았죠. 기억나요? 정신을 잃은 그녀를 일으키고... 엄만 약을 가지고 갔고, 그녀의 아이들을 빨래통 안에서 씻겨주었죠... 정말 기억 안 나세요?

아르카지나 안 나. (새 붕대를 감는다)

트레플레프 발레리나 두 명이 그때 그 건물에 살았는데... 우리가 살던 그... 커피를 마시러 엄마한테 왔죠...

117. 민족

기존의 번역서들에서는 어느 나라 사람인지를 물으며 국적을 묻는 방향으로 번역되어 있다. 원문의 표현에 따르면 이것은 '국적'을 묻는 것이 아니라 '민족'을 묻는 것이다. 러시아는 여러 민족으로 구성되어 있는데, 그중에서도 '타타르인'이 터번을 쓴다. 트레플레프의 붕대를 터번으로 본 한 방문객이 이를 의식해 트레플레프가 어떤 민족에 속하는지를 물어본 것으로 짐작된다.

118. 국립 극장

상트페테르부르크와 모스크바에 있는 러시아 공식 황실 극장을 가리킨다.

아르카지나 그건 기억나.

트레플레프 신앙심이 깊은 사람들이었죠.

사이.

최근, 요 며칠 동안, 다정하고 헌신적인 마음으로 엄마를 사랑하고 있어요, 어렸을 때처럼요. 엄마 말고는, 이제 나에겐 아무도 남지 않았어요. 그런데 어째서, 어째서 나와 엄마 사이에 그 사람이 서 있는 거죠?

아르카지나 넌 그 사람을 이해하지 못해, 콘스탄틴. 그는 고상한 사람이야.

트레플레프 하지만, 내가 그에게 결투를 신청할 것이란 걸 들었을 때, 고상함도 겁쟁이가 되는 걸 막진 못했어요. 떠나잖아요. 치욕스러운 도망이죠!

아르카지나 무슨 헛소리! 내가 그 사람을 여기로부터 데리고 가는 거야.[119] 우리가 가까운 게, 물론, 네 마음에 들지 않겠지. 하지만 넌 똑똑하고 교양이 있고, 난 네게 내 자유를 존중하도록 요구할 권리가 있어.

트레플레프 엄마의 자유를 존중해요. 하지만 엄마도 날 자유롭게 두고, 그 사람을 내가 원하는 대로 대하게 해주세요. 고상한 사람! 그 사람 때문에 우린 거의 싸우고 있는데, 그는 지금 거실 어디선가, 아니면 정원에서, 우리를 비웃으며, 니나를 꼬드겨서, 자신이 천재라고 완전히 믿게 하려고 애쓰고 있다고요.

아르카지나 넌 나한테 불쾌한 말을 하는 걸 즐기는구나. 난 그이를 존경해, 그리고 내 앞에서 그 사람을 나쁘게 말하지 말아줘.

트레플레프 난 존경하지 않아요. 엄마는 나 역시 그를 천재라고 생각하길 바라죠, 하지만, 용서하세요, 난 거짓말을 못 해요, 그 사람 작품은 날 구역질 나게 해요.

119. 내가 그 사람을 여기로부터 데리고 가는 거야.

기존의 번역서에서는 대부분 "내가 그분께 여기를 떠나자고 부탁드렸다" 등 '아르카지나가 트리고린에게 부탁하여 이곳을 떠난다'라는 맥락의 문장으로 번역되어 있다. 이는 검열단에 의해 수정된 것이다. 원문에 따르면, 아르카지나가 자신의 주체적 의도로 직접 트리고린을 데려가는 것이라고 되어 있으므로, 그러한 의미가 잘 반영될 수 있게끔 원문 표현에 최대한 가깝게 번역하였다.

아르카지나 그건 질투야. 재능 없고 불평만 하는 사람들은 진짜 재능 있는 사람들을 비난하는 것 말고는 할 수 있는 게 없거든. 더 말할 필요도 없어, 자기 위로지!

트레플레프 (비꼬며) 진짜 재능! (화내며) 그렇다면 난 당신들 모두보다 더 재능이 있어요! (머리 붕대를 뜯어내며) 당신들, 낡아빠진 풍습만 따르는 고집불통들[120]은 예술에서 우위를 점령하고 당신들이 만든 것만이 합법적이고 진짜라 여기며, 나머지는 억압하고 질식시키죠! 난 당신들을 인정하지 않아요! 난 엄마도 인정하지 않아요, 그 사람도요!

아르카지나 데카당!

트레플레프 엄마의 사랑스러운 극장에 가서 보잘것없고 무능한 희곡이나 연기하세요!

아르카지나 난 결코 그런 희곡을 연기한 적이 없어! 날 내버려 둬! 넌 보잘것없는 보드빌[121]조차 못 쓰잖아. 키예프의 소시민! 식충이!

트레플레프 구두쇠!

아르카지나 거지!

트레플레프는 앉아서 조용히 흐느낀다.

아르카지나 쓸모없는 놈! (흥분 상태로 돌아다니며) 울지 마. 그럴 필요 없어… (운다) 필요 없다니까… (그의 이마, 뺨, 머리에 키스한다) 사랑하는 나의 아들, 용서해 줘… 죄 많은 엄마를 용서해라… 불행한 날 용서해…

트레플레프 (그녀를 끌어안으며) 엄마가 알아주신다면! 전 모든 걸 잃었어요. 그녀는 날 사랑하지 않아요, 난 더 이상 쓸 수가 없어요… 모든 희망이 사라졌어요…

120. 낡아빠진 풍습만 따르는 고집불통들

원어 표현 그대로를 해석하면 '구습을 완고하게 지키는 사람들'을 뜻한다. 기존 번역서들의 표현을 살펴보면, '낡아빠진 당신들이', '낡은 구습에 매달려 사는 사람들', '구습 신봉자들', '판에 박힌 생활의 노예들' 등으로 번역되어 있다. 이 책에서는 오래된 관습을 계속 지키려고 하는 사람이라는 뉘앙스를 반영하고, 원어에 최대한 가깝게 표현될 수 있도록 '낡아빠진 풍습만 따르는 고집불통들'로 번역하였다.

121. 보드빌

보드빌(Vaudeville)은 15세기 프랑스 노르망디(Normandy)의 '발드마른(Val-de-Marne)'에서 널리 불렸던 풍자 민요인 '보드비르(Vau de vire)'에서 유래한 용어이다. 가벼운 코미디극 장르로, 흥미진진한 음모와 일화적 슈제트(Сюжет, 문학 작품에서 등장인물 사이의 관계나 사건 전개의 일정한 체계)에 구축된 대화가 연극적 행위인 음악, 노래, 춤과 결합된 것이다. 러시아에 보드빌이 처음 들어온 것은 19세기 초 귀족과 왕실을 중심으로 프랑스 문화가 유행하면서부터. 처음에는 귀족의 오락물쯤으로 취급되었으나 19세기 중반 대학생과 상인 층의 사랑을 받는 장르가 되면서 짧은 전성기를 맞이하게 되었다.

아르카지나 절망하지 마... 다 잘될 거야. 내가 지금 그이를 데려갈게, 그녀는 다시 널 사랑하게 될 거야. (그의 눈물을 닦아주며) 이제 됐어. 우린 이미 화해한 거야.

트레플레프 (그녀의 손에 키스하며) 네, 엄마.

아르카지나 (부드럽게) 그분과도 화해하자... 결투는 필요 없어... 필요 없지?

트레플레프 좋아요... 다만, 엄마, 그 사람과 마주치지 않게 해주세요. 난 그게 힘들어요... 감당할 수 없어요...

트리고린이 들어온다.

저기 오네요... 전 갈게요... (서둘러 약을 약장에 넣는다) 붕대는 의사 선생님이 해주실 거예요...

트리고린 (책에서 찾으며) 121쪽, 11, 12행... 여기... (읽는다) "언제라도 내 생명이 필요하면, 와서 가져가세요."

트레플레프는 마룻바닥에서 붕대를 집어 들고 나간다.

아르카지나 (시계를 보며) 곧 말을 보내줄 거야.

트리고린 (혼잣말로) 언제라도 내 생명이 필요하면, 와서 가져가세요.

아르카지나 당신, 전부 챙겼겠죠?

트리고린 (초조하게) 그래, 그래... (깊은 생각에 잠겨) 이 순수한 영혼의 외침이 나는 왜 슬픔으로 들리고, 내 가슴은 이토록 고통스럽게 조여 오는 거지? 언제라도 내 생명이 필요하면, 와서 가져가세요. (아르카지나에게) 하루만 더 머무르자!

아르카지나가 부정적으로 머리를 흔든다.

머물러요!

아르카지나 자기, 난 알아, 무엇이 당신을 붙잡는지... 하지만 자제해. 당신은 약간 취한 거야, 정신 차려.

트리고린 당신도 정신 차려, 현명하고, 사려 깊었으면 해, 당신에게 간청할게, 이 모든 걸 진정한 친구의 시선으로 바라봐... (손을 꽉 쥐며) 당신은 희생할 수 있잖아... 나의 친구가 되어줘, 날 가게 해 줘...

아르카지나 (크게 흥분하며) 당신 그렇게나 끌렸어?

트리고린 난 그녀에게 끌려! 어쩌면, 확실히, 이건 나에게 필요한 거야.

아르카지나 시골 소녀의 사랑? 오, 당신은 자신을 거의 알지 못하네!

트리고린 가끔 사람들은 걸으면서도 잠을 자. 바로 이렇게 당신과 이야기하고 있지만, 난 마치 잠을 자는 동안 꿈에서 그녀를 보고 있는 것 같아... 달콤하고 경이로운 꿈에 사로잡혔어. 가게 해 줘!

아르카지나 (떨며) 아니, 아니... 난 평범한 여자야, 내게 그런 식으로 말하면 안 돼... 날 괴롭히지 마, 보리스! 나 무서워.

트리고린 원한다면, 당신은 비범한 여자가 될 수 있어. 꿈의 세계로 데려가는 젊고, 매력적이고, 시적인 사랑, 오직 그것만이 지구상에서 행복을 줄 수 있어! 난 그런 사랑을 아직 경험하지 못했어... 젊은 시절엔 시간이 없었어, 난 편집국 문턱을 드나들며, 가난과 싸웠지... 지금 바로 그게, 그 사랑이, 마침내 왔어, 손짓하고 있어... 그것으로부터 도망가는 게 어떤 의미가 있냐고!

아르카지나　(분노하며) 당신 미쳤구나!

트리고린　내버려 둬.

아르카지나　오늘 모두가 날 괴롭히기로 공모했네. (운다)

트리고린　(자기 머리를 움켜쥐고) 이해를 못 해! 이해하고 싶어 하지 않아!

아르카지나　나한테 거리낌 없이 다른 여자 이야기를 할 만큼 벌써 내가 그렇게 늙고 보기 싫어? (그를 껴안고 키스한다) 오, 당신은 정신이 나갔어! 내 사랑, 경이로운... 당신은, 내 인생의 마지막 페이지야! (무릎을 꿇는다) 나의 기쁨, 나의 자랑, 나의 더없는 행복... (그의 무릎을 껴안으며) 만약 당신이 한 시간만이라도 나를 버린다면, 난 살아남지 못할 거야, 미쳐 버릴 거야, 나의 훌륭하고 뛰어난... 나의 주인...

트리고린　누가 이리로 들어올지도 몰라. (그녀가 일어서도록 도와준다)

아르카지나　그러라고 해, 난 당신을 향한 사랑이 부끄럽지 않아. (그의 손에 키스한다) 내 보물, 분별력 없는 사람, 당신은 분별없이 행동하고 싶겠지, 하지만 난 원하지 않아, 놔줄 수 없어... (웃는다) 당신은 내 거, 당신은 내 거야... 이 이마도 내 거, 눈도 내 거, 이 아름다운 비단 같은 머리털도 내 거... 당신은 전부 내 거야. 당신은 재능 있고, 현명하고, 오늘날의 모든 작가 중 최고이고, 당신은 러시아의 유일한 희망이야... 당신에겐 솔직함, 간결함, 신선함, 건강한 유머가 있어. 당신은 단 한 줄로 사람이나 풍경의 중요한 특징을 전달할 수 있고, 당신의 인물들은 마치 살아있는 것 같아. 오, 환희 없이는 당신을[122] 읽을 수 없어! 내가 치켜세우는 것 같아? 내가 아첨하는 것 같아? 자, 내 눈을 봐... 들여다봐. 내가 거짓말쟁이 같아? 여기 보세요, 오직 나만이 당신의 소중함을 알고, 나만이 당신에게 진실을 말해요. 나의 사랑하는, 매력적인... 갈 거지? 그렇지? 당신은 날 버리지 않는 거지?

122. 당신을

기존의 번역서에서는 말의 이해를 돕기 위해 '당신 작품을', '당신의 소설을'과 같은 표현을 사용하고 있다. 맥락상 트리고린이 쓴 작품들을 환희 없이는 읽을 수 없다는 의미가 맞지만, 작가의 단어 선택 의도를 최대한 살리기 위해 러시아 원어 표현을 그대로 번역하였다.

트리고린	난 내 의지가 없어... 난 지금껏 한 번도 내 의지를 가져본 적이 없어... 기력이 없고, 약하고, 언제나 순종적이지. 과연 이런 걸 여자들이 마음에 들어 할까? 날 가져, 데려가, 자기한테서 한 걸음도 떼어 놓지마...
아르카지나	(거리낌 없이, 마치 아무 일도 없었던 것처럼) 하지만, 만약 원한다면, 머무를 수 있어요. 나 혼자 갈게, 당신은 나중에 와, 일주일 후에. 사실, 당신이 무엇 때문에 서두르겠어?
트리고린	아냐, 정말 같이 가요.
아르카지나	원하는 대로. 같이, 그렇다면 같이.

사이.
트리고린은 수첩에 무언가를 기록한다.

아르카지나	뭐야?
트리고린	아침에 좋은 표현을 들었어. '원생림[123]...' 쓸모가 있을 거야. (기지개를 켜며) 그럼, 가는 거지? 다시 열차, 정거장, 식당, 얇게 저민 커틀릿, 대화...
샤므라예프	(들어온다) 황송하지만 슬픈 소식입니다, 말이 준비됐어요. 존경하는 부인, 정거장으로 출발하실 때입니다. 기차는 2시 5분에 도착합니다. 그리고, 이리나 니콜라예브나, 자비를 베푸시어, 말해주는 걸 잊지 말아 주세요. 지금 배우 수즈달체프는 어디에 있나요? 살아있나요? 건강한가요? 언젠가 함께 술을 마셨는데... 〈우편 도둑〉[124]에서 타의 추종을 불허하게 연기했죠... 그때 그는, 기억나요, 비극 배우 이즈마일로프와 엘리사베트그라트에서 근무했죠. 그 사람 개성도 뛰어났죠... 서두르지 마세요, 존경하는 부인, 5분 정돈 더 쓸 수 있어요. 한 번은 한 멜로드라마에서 공모자들을 연기했는데, 갑자기 그들이 체포됐을 때, 이렇게 말했어야 했어요. "우리는 계략에 빠졌어", 이즈마일로프는, "우리는 계란에 빠졌어"[125]... (큰소리로 웃는다) 계란!

123. 원생림

이제까지 인간이 이용한 적이 없거나 인공의 무언가가 가해지지 않은 산림을 뜻한다.

124. 〈우편 도둑〉

1796년에 일어난 프랑스의 악명 높은 미결 강도 사건을 바탕으로 만들어진 작품이다. 1850년 〈리옹의 우편 사건(L'affaire du courrier de Lyon)〉이라는 제목의 멜로드라마로 처음 만들어졌고, 이후 러시아에 수입되었다. 체호프는 이 작품을 10대 때 봤다고 알려져 있다.

125. "우리는 계란에 빠졌어"

샤므라예프가 언어유희를 활용하여 농담하는 부분이다. '계략'이라고 번역한 단어는 원어로 '함정'이라는 뜻을 가진 단어고, '계란'이라고 번역한 단어는 앞의 단어와 발음만 유사하고, 철자가 뒤바뀌며 뜻이 사라진 무의미한 단어이다. 샤므라예프는 자신이 언급하고 있는 배우가 발음이 다른 단어를 잘못 발음하며 생긴 웃음거리를 이야기하는 것이다. 이 책에서는 이러한 의미와 말의 맥락, 언어유희 요소 등을 반영하여, 뒷글자만 다른 '계략'과 '계란'으로 번역하였다.

그가 말하는 동안, 야코프는 여행 가방들 주변에서 분주하고,
하녀는 아르카지나에게 모자, 망토, 우산, 장갑을 가져다준다.
모두 아르카지나가 옷 입는 것을 돕는다.
왼쪽 문에서 들여다보던 요리사가 머뭇거리다가 들어온다.
폴리나가 들어오고, 그 뒤로 소린, 메드베젠코가 들어온다.

폴리나 (작은 바구니를 들고) 가는 길에 드실 자두예요. 아주 달아요. 먹고 싶으실 거예요.

아르카지나 당신은 정말 친절해요, 폴리나 안드레예브나.

폴리나 안녕히 가세요, 친애하는 부인. 만일 잘못된 점이 있었더라도, 용서해주세요. (운다)

아르카지나 (그녀를 안으며) 모든 게 좋았어요, 모두 다 좋았어. 다만 울지만 말아요.

폴리나 우리의 시대가 떠나가고 있어요!

아르카지나 어떻게 하겠어요!

소린 (망토가 달린 외투를 입고, 모자를 쓰고, 지팡이를 들고 왼쪽 문에서 나온다. 방을 가로질러 지나가며) 누이야, 마침내 가야 할 때야, 늦지 않으려면. 난 가서 앉아야겠어. (나간다)

메드베젠코 저는 역까지 걸어가서... 배웅할게요... 신속하게... (나간다)

아르카지나 잘 있어요. 친애하는 여러분... 만일 살아있고 건강하면, 여름에 다시 만나요.

하녀, 야코프, 요리사가 그녀의 손에 키스한다.

날 잊지 말아요. (요리사한테 1루블을 준다) 여기 세 사람을 위한 1루블이에요.

요리사 정말로 감사합니다, 부인, 행복한 여행 되세요. 부인 덕에 매우 즐거웠습니다.

야코프 신의 가호가 있기를!

샤므라예프 편지 주시면 행복할 겁니다! 안녕히 가세요, 보리스 알렉세예비치!

아르카지나 콘스탄틴은 어딨지? 그 애에게 말해줘요, 내가 떠난다고. 작별 인사를 해야 해. 자, 나쁘게 기억하지 마세요![126] (야코프에게) 요리사에게 1루블 줬어요. 세 사람 거야.

모두 오른쪽으로 나간다.
빈 무대.
무대 뒤에서 배웅하는 웅성거림이 들린다.
하녀가 되돌아와 탁자에서 자두가 든 바구니를 들고 다시 나간다.

트리고린 (돌아오며) 내 지팡이를 잊었네. 아마, 저기, 테라스에 있는 거 같아.

걸어가다가 왼쪽 문 옆에서 들어오는 니나와 마주친다.

당신이네요... 우린 떠나요...

니나 난 느꼈어요, 우리가 다시 만날 거라고. (흥분해서) 보리스 알렉세예비치, 전 확실히 정했어요, 운명은 결정됐어요, 전 무대에 오를 거예요! 내일이면 난 이미 여기 없을 거예요, 난 아버지를 떠날 거고, 모든 걸 버리고, 새로운 인생을 시작할 거예요... 난 떠나요, 당신처럼... 모스크바로. 우리 거기서 만나요.

126. 나쁘게 기억하지 마세요!

헤어진 후 상대방이 위험, 문제, 질병, 죽음 등으로부터 무사하길 바라며 말하는 일종의 주문 같은 관용 표현이다. 3막 첫 번째 장면에서 마샤가 트리고린에게 작별 인사를 하며 같은 말을 하는 것을 찾아볼 수 있다.

트리고린   (주위를 둘러보며) '슬라뱐스키 바자르[127]'에 머물러요... 곧바로 나에게 알려줘요... 몰차노프카[128], 그로홀스키 건물. 난 서둘러야 해요...

사이.

나나   일 분만 더...

트리고린   (목소리를 낮추어) 당신은 정말 아름다워요... 오, 우리가 곧 만난다고 생각하니 얼마나 행복한지!

그녀가 그의 가슴에 기댄다.

더없이 아름다운 이 눈을, 말로 표현할 수 없이 아름답고, 부드러운 미소... 이 온화한 얼굴, 천사같이 순수한 표정을 다시 볼 수 있다니... 사랑하는 나의...

긴 키스.

- 막 -

3막과 4막 사이에 2년이 지나간다.

127. 슬라뱐스키 바자르

모스크바 중심부에 있는 품격 있는 상류층 호텔로, 체호프가 자주 다니던 호텔 중 하나로 알려져 있다. 콘스탄틴 스타니슬랍스키(Константин Сергеевич Станиславский, 1863-1938)와 단첸코가 모스크바 국립 극장을 만들게 된 기념비적인 점심을 먹은 곳으로도 알려져 있다.

128. 몰차노프카

몰차노프카는 모스크바 중심부에 있는 '아르밧 광장' 근처에 있는 몰차노프카 거리를 가리킨다. 슬라뱐스키 바자르 호텔에서 도보로 이동할 수 있는 정도의 거리이다.

4막

소린 집에 있는 응접실 중 하나, 콘스탄틴 트레플레프가 작업실로 개조했다.
왼쪽과 오른쪽에는 문, 내실로 통한다.
정면에는 테라스로 나가는 유리문.
일반적인 응접실 가구 외에도, 오른쪽 모퉁이에는 책상이 있고,
왼쪽 문 근처에는 터키식 소파, 책장이 있고, 창틀과 의자 위에는 책들.
저녁.
갓 아래에 등불 하나가 타고 있다.
어스름하다.
나무들이 내는 소리와 굴뚝에서 바람이 윙윙거리는 소리가 들린다.
야간 순찰원이 나무 막대를 두드리는 소리.[129]
메드베젠코, 마샤가 들어온다.

마샤   (소리쳐 부른다) 콘스탄틴 가브릴리치! 콘스탄틴 가브릴리치! (주위를 둘러보며) 아무도 없네. 영감님이 1분마다 계속 물어봐, 코스챠는 어디 있어, 코스챠는 어디 있어... 그 없이는 살 수가 없는 거지.

메드베젠코   고독이 두려운 거죠. (귀를 기울이며) 정말 끔찍한 날씨네! 벌써 이틀째야.

마샤   (등불의 불을 높이며) 호수에 파도가 일어요. 거대하네.

메드베젠코   정원이 어두워요. 정원에 있는 저 무대를 철거하라고 말해야 할 것 같아요. 해골처럼 보기 흉하게 벌거벗은 채로 있고, 막이 바람에 펄럭거리며 소리를 내요, 내가 어젯밤에 그 옆을 지나갈 때, 마치 누가 그 안에서 우는 것처럼 느껴졌어요,

마샤   음, 저기...

사이.

129. 야간 순찰원이 나무 막대를 두드리는 소리.

당시 러시아 지방 영지에는 영지를 순찰하는 순찰원들이 있었고, 순찰을 하면서 외부 침입자들에게 자신의 존재를 알리고 경고하기 위해 나무 막대기를 두드렸다고 한다. 기존의 번역서들에서는 '야경꾼의 딱딱이 소리' 등과 같은 표현으로 번역된 경우가 많다. 사실 '야경꾼'이라는 표현은 1980년대 초반까지 한국에 '야간통행금지령'이 존재하던 시절, 범죄 따위를 예방하기 위해 야간 경계나 순찰을 하던 '야경원'을 뜻한다. 또한 '딱딱이'는 그 야경원이 가지고 다니며 두드리던 나무 막대로, 현재는 표준어가 '딱따기'로 바뀌었다. 따라서 이 책에서는 '야경꾼'이나 '딱따기' 등 한국의 시대상을 반영한 어휘가 아닌, 원문에 최대한 가까운 표현을 사용하였다.

메드베젠코   가요, 마샤, 집으로!

마샤   (부정적으로 머리를 흔들며) 난 여기 남아 밤을 지낼 거예요.

메드베젠코   (애원하며) 마샤, 가자! 우리 아기가 분명 배고플 거야.

마샤   별일 아니에요. 마트료나[130]가 먹일 거예요.

사이.

메드베젠코   아이가 불쌍해요. 벌써 엄마 없는 세 번째 밤이에요.

마샤   당신은 지루해졌어요. 예전에는 철학적인 말도 하곤 했지만, 지금은 전부 아이, 집, 아이, 집, 그거 말곤 다른 말을 들을 수가 없네요.

메드베젠코   가요, 마샤!

마샤   혼자 가요.

메드베젠코   당신 아버지는 내게 말을 안 주실 거야.

마샤   줄 거예요. 당신이 부탁하면, 줄 거예요.

메드베젠코   그래요, 부탁해 볼게요. 그럼, 당신은 내일 오는 거지?

마샤   (코담배를 하며) 그래요, 내일. 들러붙기는...

트레플레프와 폴리나가 들어온다.
트레플레프는 베개와 담요를, 폴리나는 침대 시트를 가져와서 터키식 소파에 놓는다.
그다음에 트레플레프는 자신의 책상으로 가서 앉는다.

이건 왜요, 엄마?

130. 마트료나

'마트료나'라는 단어는 중의적 의미가 있는 단어이다. 단어 자체에 '유모'라는 의미가 있기도 하고, 여성의 이름으로 쓰이기도 한다. 원문을 살펴보면 첫 글자가 대문자로 쓰여 있어 '마트료나'라는 이름을 가진 여성을 지칭하는 것으로 보이지만, 마샤와 메드베젠코가 나누는 대화의 맥락을 고려하면 유모를 의미한다고 해석할 수도 있다. 이와 같은 이유로 인해 기존의 번역서들에서는 '유모 마트료나'라고 번역하거나, 그냥 '유모'라고 번역한 예도 있다. 게다가 '아이를 먹인다'는 표현을 '젖을 먹인다'라고 번역하기도 했다. 이 책에서는 원문 표현에 최대한 가깝게 번역하였다.

폴리나   표트르 니콜라예비치가 코스챠 옆에 잠자리를 펴 달라고 부탁하셨어.

마샤   내가 할게요... (이부자리를 편다)

폴리나   (한숨을 쉬고) 늙으면 애가 돼! (책상을 향해 다가가 팔꿈치를 괴고, 원고를 들여다본다)

사이.

메드베젠코   그럼 전 갈게요. 안녕, 마샤. (아내의 손에 키스한다) 안녕히 계세요, 어머니. (장모의 손에 키스하려 한다)

폴리나   (짜증스럽게) 그래! 잘 가.

메드베젠코   안녕히 계세요, 콘스탄틴 가브릴리치.

트레플레프가 아무 말 없이 손을 내민다.
메드베젠코가 나간다.

폴리나   (원고를 보며) 아무도 코스챠가 진짜 작가가 될 거라고는 생각하지도, 짐작하지도 않았어요. 그런데 지금은, 감사하게도, 잡지사에서 당신에게 돈을 보내기 시작했죠. (손으로 그의 머리를 쓰다듬으며) 그리고 멋있어졌어요... 사랑하는, 훌륭한 코스챠, 나의 마셴카에게 좀 더 다정하게 대해줘요!

마샤   (자리를 펴며) 그 사람 놔둬요, 엄마.

폴리나   (트레플레프에게) 좋은 아이예요.

사이.

여자는, 코스챠, 아무것도 필요 없어요, 그저 다정히 봐주기만 하면 돼요. 내가 잘 알아요.

트레플레프는 책상에서 일어나 말없이 나간다.

마샤 봐요, 화나게 했잖아요. 귀찮게 했어야만 했나요!

폴리나 난 네가 불쌍해, 마셴카!

마샤 필요 없어요!¹³¹

폴리나 너 때문에 내 가슴이 아파. 난 모든 게 보이고, 모든 게 이해돼.

마샤 다 바보 같아요. 희망 없는 사랑, 그건 오직 소설에만 존재해요. 아무것도 아닌 거죠. 자신을 통제하지 못하면서 마냥 무언가를 기다려선 안 돼요, 바닷가에서 좋은 날씨를 기다리는 것처럼...¹³² 만약 가슴 속에 사랑이 생겼다면, 없애버려야 해요. 남편을 다른 군으로 옮겨주기로 약속했대요. 일단 그곳으로 이사하면, 모든 걸 잊을 거예요... 가슴 속에서 뿌리째 뽑아낼 거예요.

두 방 건너에서 우울한 왈츠가 연주된다.

폴리나 코스챠가 연주하네. 우울한 거야.

마샤 (조용히 왈츠에 맞춰 두세 바퀴를 돈다) 중요한 건, 엄마, 눈앞에서 보지 않는 거예요. 만약 나의 세묜을 전근시켜 주기만 하면, 그러면, 믿어줘요, 한 달 안으로 잊어버릴 거예요. 이 모든 건 별 게 아녜요.

왼쪽 문이 열리고 도른과 메드베젠코가 소린의 안락의자를 밀고 온다.

메드베젠코 전 지금 집에 6명이 있어요. 그런데 밀가루는 한 푸드¹³³에 7그리벤¹³⁴이나 하죠.

131. 필요 없어요!

러시아 원문을 직역하면 '매우 필요하네요'이지만, 그 의미를 파악하면 정반대로 '필요 없다'라는 뜻을 나타내는 반어적 표현이다. 맥락을 고려하여 원문이 표현하고자 한 의도에 최대한 가깝게 번역하였다.

132. 바닷가에서 좋은 날씨를 기다리는 것처럼...

러시아의 시인과 작가들이 작품에 자주 활용하는 관용 표현으로, 사람이 아무것도 영향을 미칠 수 없는 경우임에도 불구하고 상황이 변하기만을 기다리는 것을 의미한다. 기상을 예측할 수 있는 도구가 발명되기 전, 배를 타고 안전하게 바다에 나가기 위해 아무것도 할 수 없는 상태로 그저 좋은 기상 조건을 하염없이 기다려야 하는 선원들의 이야기에 바탕을 둔 표현이다.

133. 푸드

러시아에서 쓰는 무게의 단위이다. 1푸드는 약 16.38kg에 해당한다.

134. 그리벤

1그리벤은 10코페이카이다.

도른	이러니 제자리를 맴도는 거죠.[135]
메드베젠코	당신은 웃어서 좋겠네요. 당신 돈을 암탉들이 쪼아 먹지 않으니.
도른	돈? 30년 의사 생활 동안, 이봐 친구, 밤낮으로 내가 나 스스로가 아니던 불안한 의사 생활을 할 때, 난 겨우 2,000을 모을 수 있었고, 그러나 그것마저도, 최근에 해외에서 다 써버렸어. 난 아무것도 없어요.
마샤	(남편에게) 당신 안 갔어요?
메드베젠코	(미안한 듯) 어떻게? 말을 안 주시는데!
마샤	(괴로운 분노에 차, 목소리를 낮추어) 내 눈이 당신을 안 볼 수만 있다면!

안락의자는 방 왼쪽 가운데에서 멈추고, 폴리나, 마샤, 도른은 그 옆에 앉는다.
메드베젠코는 서글프게 한쪽으로 물러난다.

도른	얼마나 많이 바뀌었는지, 와! 응접실이 작업실로 바뀌었군요.
마샤	콘스탄틴 가브릴리치는 여기에서 더 편하게 일해요. 그는 언제든지 필요할 때, 정원으로 나가 거기서 생각할 수 있어요.

야간 순찰원이 나무 막대를 두드리는 소리가 난다.

소린	누이는 어딨지?
도른	트리고린을 맞이하러 역에 갔어요. 금방 와요.

135. 이러니 제자리를 맴도는 거죠.
메드베젠코가 자주 사용하는 표현을 따라 하며 메드베젠코의 푸념을 비웃고 있다.

소린	당신이 내 누이를 여기로 부르는 게 필요하다고 한 거면, 결국, 내 병이 위중한 거지. (잠시 침묵하다가) 참 재밌는 게, 내 병은 위중한데, 아무런 약도 주지 않아.
도른	뭘 원하세요? 발레리안 물약? 소다? 키니네?[136]
소린	자, 철학이 시작되는군. 오, 이 무슨 형벌인지! (머리로 소파를 가리키며) 이건 날 위한 잠자리인가?
폴리나	당신을 위해서요, 표트르 니콜라예비치.
소린	고마워요.
도른	(흥얼거리며 노래한다) "달은 밤하늘을 떠다니고..."[137]
소린	코스챠에게 소설을 위한 이야기의 소재를 주고 싶어. 그건 이렇게 불려야 해. '인간, 뭔가를 원했던.' 'L'homme, qui a voulu.'[138] 언젠가 젊었을 때, 나는 작가가 되고 싶었는데, 되지 못했어. 아름답게 말하고 싶었지만, 지겹게 말했지. "그리고 항상 그리고 언제나 그리하여, 그것과 그것이 아니다." ... 요약해 보자, 해보자, 하며 심지어 땀만 흘려대곤 했지. 결혼하고 싶었지만, 하지 못했어. 언제나 도시에 살고 싶었는데, 나의 삶을 시골에서 이렇게 끝마치고 있네, 그게 다야.
도른	실제로 4등 문관[139]이 되고 싶었는데, 되셨잖아요.
소린	(웃는다) 그걸 지향하진 않았어. 저절로 그렇게 된 거지.
도른	62세의 나이에 인생의 불만을 표현하는 건, 동의하시겠지만, 관대하지 못해요.
소린	정말 고집불통이군! 이해해 줘요, 난 살고 싶어!

136. 발레리안 물약? 소다? 키니네?

도른이 언급한 '발레리안 물약'은 진정제로, 쥐오줌풀 뿌리에서 채취한 원료로 만들어졌다. 2막에서 도른이 소린에게 언급한 '발레리안'과 같은 것으로, 아스피린과 효능이 비슷하다. 소다는 '중탄산나트륨'의 다른 표현으로, 물과 혼합하여 속쓰림과 소화불량을 치료하기 위해 사용되었다. '키니네'는 나무에서 채취한 알칼로이드 계열의 약으로, 해열제로 사용되기도 하며 근육 경련을 풀어주는 효능도 가지고 있다.

137. "달은 밤하늘을 떠다니고..."

러시아의 오페라 작곡가이자 극작가인 콘스탄틴 스테파노비치 쉴로프스키(Василий Иванович Красов, 1849-1893)의 오페라에 나오는 세레나데 중 일부이다. 쉴로프스키는 차이코프스키와의 협업으로도 유명한 작곡가이다.

138. 'L'homme, qui a voulu'

'럼 끼 아 불뤼'로 읽는다. 소린이 언급한 제목 '인간, 뭔가를 원했던'을 프랑스어로 말한 것이다.

139. 4등 문관

▲ 러시아 표토르 대제가 작성한 계급표(관등표)

러시아 제국의 공직자 계급을 가리키는 말로, 1722년에 표토르 대제가 직접 작성하여 도입한 계급표 상에서 4번째 계급에 해당하는 직위이다. 육군 소장, 해군 소장 등과 동등한 계급이다.

도른	그건 경박한 거예요. 자연의 법칙에 따라 모든 생명은 마땅한 결말을 가지는 거예요.

소린	당신은 배부른 사람처럼 생각해. 배가 부르니까 삶에 무관심하고, 당신에게 모든 건 다 똑같지. 그렇지만 죽는 건 당신도 두려울걸.

도른	죽음의 공포, 그건 동물적인 공포예요. 억누르지 않으면 안 돼요. 자신의 죄를 두려워하는, 영생을 믿는 자들만 죽음을 의식적으로 두려워하죠. 당신은, 첫째, 신앙이 없고, 둘째, 당신에게 무슨 죄가 있죠? 당신은 25년 동안 법무부에서 근무했어요. 그게 전부죠.

소린	(웃는다) 28년.

트레플레프가 들어와 소린의 발 가까이에 놓인 의자에 앉는다.
마샤는 한시도 그에게서 눈을 떼지 않는다.

도른	우리가 콘스탄틴 가브릴로비치가 일하는 걸 방해하네요.

트레플레프	아니요, 괜찮습니다.

사이.

메드베젠코	(도른에게) 당신께 질문이 있어요, 의사 선생님. 외국에선 종이 한 묶음에 얼마나 하죠?

도른	안 사봐서 몰라요.

메드베젠코	거기선 어느 도시가 가장 마음에 드세요?

도른	제노바.

트레플레프   왜 제노바죠?

도른   그곳은 거리의 군중이 훌륭해요. 저녁때 호텔에서 나오면, 온 거리에 사람들이 가득 차 있어요. 아무런 목적 없이 무리 속에서 굽은 길을 따라 이리저리 움직이면, 그들과 함께 살고, 정신적으로 결합하며, 만물의 영혼이 실제로 가능하단 걸 믿기 시작하죠.[140] 이전에 당신의 희곡에서 니나 자레츠나야가 연기했던 것과 같은. 말이 나온 김에, 지금 자레츠나야는 어디에 있나요? 어디서 어떻게 지내요?

트레플레프   잘 있을 거예요. 건강하게.

도른   내가 듣기론, 그녀가 뭔가 평범하지 않은 삶을 살았던 것 같은데. 무슨 일이에요?

트레플레프   이건, 의사 선생님, 긴 이야기예요.

도른   짧게 해봐요.

사이.

트레플레프   그녀는 집을 떠나 트리고린과 함께 살았어요. 이건 아시죠?

도른   알아요.

트레플레프   그녀에겐 아이[141]가 있었죠. 아이는 죽었어요. 트리고린은 그녀에게 사랑이 식자, 자신이 예전에 애착하던 대상들에게로 돌아갔죠,[142] 예상했던 대로. 사실, 그는 결코 예전 것들을 떠난 게 아니었어요, 줏대 없이 이쪽저쪽 용케 어떻게든 해낸 거죠. 제가 아는 바로 이해한 건, 니나의 사생활은 완전히 실패였어요.

도른   무대는요?

140. 만물의 영혼이 실제로 가능하단 걸 믿기 시작하죠.

도른은 거리의 군중과 함께 어울리며 정신적으로 결합하고, 만물의 영혼이 가능하다는 것을 믿게 된다며 1막에서 니나가 연기한 트레플레프의 희곡을 언급하고 있다. 특히 '만물의 영혼'이라는 표현은 '그 모든 것들의 영혼은 하나로 합쳐진다... 세계 공통의 영혼, 그것은 나... 나... 내 영혼 안에는 알렉산더 대왕, 시저, 셰익스피어, 나폴레옹, 가장 최하등의 거머리도 있다. 내 안엔 인간의 의식과 동물의 본능이 합쳐졌고, 난 모든 것, 모든 것, 모든 것을 기억하고, 각각의 삶을 내 안에서 스스로 새로이 체험한다.'라는 부분과 연관지어 이해해 볼 수 있다.

141. 아이

원문을 살펴보면 '어린이'라는 뜻을 지닌 단어이다. 아들인지 딸인지는 알 수 없으며, 3막과 4막 사이에 2년이 지나갔음을 고려한다면 태어난 지 얼마 되지 않아 사망했음을 알 수 있다.

142. 자신이 예전에 애착하던 대상들에게로 돌아갔죠,

원문을 그대로 직역하면 '애착의 대상들에게로 돌아갔다'이다. 단수가 아닌 복수를 뜻하는 '대상들'이라는 표현을 통해 여러 가지를 포괄하여 일컫고 있다.

집필진의 분석 노트　　보통은 이 부분을 '아르카지나에게 돌아갔다'라고 해석한다. 하지만 트레플레프가 말한 '애착했던 대상들'이라는 표현을 고려해 본다면, 단순히 사람뿐만이 아니라 트리고린 자신에게 익숙한 것들로 돌아갔다는 해석도 가능할 것 같다. 앞서 언급한 자신의 강박관념, 즉 글을 쓰기 위해 고민하던 중 새로운 소재거리인 니나에게 잠시 흥미를 느꼈지만, 그것은 정말 잠시뿐이었고 결국에는 '자신이 애착했던 대상들 또는 익숙한 것들에게로 돌아갔다'라는 의미로 해석해 볼 수 있지 않을까? 또한, 새로운 형식을 추구하는 트레플레프와는 다르게 구태의연한 당시 형식으로 돌아간 트리고린을 비난하는 의미가 담겨 있는 것은 아닐까?

트레플레프 더 나쁜 것 같아요. 모스크바 근교에 있는 별장 무대[143]에서 데뷔하고, 그 뒤엔 지방으로 떠났어요. 그때 전 그녀를 제 시야에서 놓치지 않으려고 한동안 그녀가 가는 곳이면, 나도 갔죠. 그녀는 모두 큰 역할을 맡았지만, 거칠게, 무미건조하게, 울부짖는 소리와 지나치게 격한 몸짓으로 연기했어요. 가끔 그녀가 재능 있게 소리치고, 재능 있게 죽을 때도 있었지만, 그건 오직 순간일 뿐이었죠.

도른 말하자면, 어쨌든 재능이 있다는 건가요?

트레플레프 평가하기 어려웠어요. 있을 거예요. 전 그녀를 봤지만, 그녀는 날 보고 싶어 하지 않았고 하녀가 절 그녀의 방에 들어가지 못하게 했어요. 전 그녀의 기분을 이해해서 만나 달라고 고집하지 않았어요.

사이.

뭐라고 더 말씀드려야 할까요? 그 후에 전, 이미 집에 돌아왔을 때, 그녀에게 편지들을 받았어요. 편지는 지적이고, 따뜻하고, 재미있었죠. 그녀는 불평하지 않았지만, 몹시 불행하다는 걸, 전 느꼈어요. 모든 한 줄 한 줄이 병들어 있고, 신경이 예민했어요. 그리고 상상력은 다소 혼란스러워 보였죠. 그녀는 갈매기라고 서명했어요. 〈루살카〉[144]에서 방앗간 주인이 자신을 까마귀라고 말하듯, 그런 식으로 편지에서 갈매기라고 계속 반복했죠. 지금 그녀는 여기에 있어요.

도른 어떻게 여기 있죠?

트레플레프 시내, 여관에요. 벌써 그 방에서 지낸 지 5일째예요. 전 그녀에게 갔었고, 여기 마리야 일리니치나도 갔었지만, 그녀는 아무도 받아주지 않았어요. 세묜 세묘노비치가 어제 오후에 여기서 2베르스타 떨어진 들판에서 그녀를 봤다고 했죠.

143. 별장 무대

러시아에는 '다차(дача)'라는 별장 문화가 있다. 18세기 표트르 대제가 러시아 최초의 근대적 계획도시인 상트페테르부르크를 조성하며 귀족들에게 땅을 나누어 준 것에서부터 시작되었다. 다차는 귀족들의 여름 휴양지로써 활용되었고, 지성인들이 함께 머물면서 대화와 토론, 공연 및 문화를 활발히 교류하는 장이 되기도 했다. 19세기에는 시민들의 생활 중 일부로 녹아들어 여름철을 교외의 다차에서 보내는 문화가 생겨났다. 러시아 혁명 이후에는 귀족들이 몰락하면서 한동안 노동자들의 휴식시설로 이용되기도 했다. 니나는 이런 다차의 무대에서 귀족들을 위한 공연으로 데뷔하였음을 짐작해 볼 수 있다.

144. 〈루살카〉

1826년에서 1832년에 쓰인 것으로 추정되는 푸시킨의 작품이다. 루살카란 고대 슬라브 전설 속에 등장하는 숲과 물의 요정을 가리키는 여성형 명사로, 인어와 비슷한 생김새를 지녔다고 알려져 있다. 작품의 줄거리는 가난한 방앗간 주인의 딸이 왕자에게 유혹당했다가 버림받자 물에 빠져 자살하게 되는데, 이후 물의 요정인 루살카가 된다는 내용이다. 여기서 딸에게 일어난 모든 불행과 딸의 죽음을 비관하며 미쳐버리게 된 그녀의 아버지, 즉 방앗간 주인은 자신을 '까마귀'라고 부른다. 기존에는 이 작품의 제목이 '물의 요정'이라고 번역되기도 했으나, 특정 요정을 가리키는 고유명사임을 고려하여 '루살카'로 표기하였다.

메드베젠코 네, 제가 봤어요. 그녀는 시내 방향으로 가고 있었죠. 전 인사를 하고, 물어봤어요, 왜 우리를 만나러 오지 않느냐고요. 그녀는 올 거라고 말했어요.

트레플레프 그녀는 오지 않을 겁니다.

사이.

아버지와 계모는 그녀를 알고 싶어 하지도 않아요. 모든 곳에 경비원을 배치했죠, 그녀가 집 근처에조차 오지 못하게 하려고요. (의사와 함께 책상 쪽으로 간다) 얼마나 쉬워요, 의사 선생님, 종이 위 철학자가 되는 거요, 그리고 실제로는 얼마나 어려운지요!

소린 매력적인 아가씨였어.

도른 뭐라고요?

소린 매력적인 아가씨였다고 말했어. 4등 문관인 이 소린조차 실제로 얼마 동안은 사랑에 빠졌으니.

도른 늙은 호색가.

샤므라예프의 웃음소리가 들린다.

폴리나 다들 역에서 도착했나 봐요...

트레플레프 네, 엄마 소리가 들리네요.

아르카지나, 트리고린 그 뒤에 샤므라예프가 들어온다.

샤므라예프 (들어오며) 우리는 모두 늙어가고, 자연의 영향력 아래 사라져 가는데, 대단히 존경하는 당신은, 아직 젊죠. 밝은 외투, 생기... 우아함.

아르카지나   당신은 또 내가 징크스에 걸리길 바라는군요, 지겨운 사람!

트리고린   (소린에게) 안녕하세요, 표트르 니콜라예비치! 왜 이렇게 항상 아프신 거죠? 좋지 않아요! (마샤를 보고, 기쁘게) 마리야 일리니치나!

마샤   아시네요! (그의 손을 잡는다)

트리고린   결혼했어요?

마샤   오래전에.

트리고린   행복하세요? (도른과 메드베젠코와 인사하고, 트레플레프에게 주저하며 다가간다) 이리나 니콜라예브나가 말해줬어요, 당신은 이미 옛일을 잊었고 화내기를 그만뒀다고.

트레플레프는 그에게 손을 내민다.

아르카지나   (아들에게) 여기 보리스 알렉세예비치가 너의 새로운 단편소설이 있는 잡지를 가져왔어.

트레플레프   (책을 받고, 트리고린에게) 감사합니다. 정말 친절하시네요. (앉는다)

트리고린   당신 숭배자들이 안부를 보냈어요. 상트페테르부르크[145]와 모스크바에서는 전반적으로 당신에게 관심이 많아서, 당신에 대해 항상 내게 물어봐요. 어떤 사람인지, 몇 살인지, 갈색 머리인지 금발인지. 웬일인지 다들 당신이 이미 젊지 않다고 생각하죠. 그리고 아무도 당신의 진짜 성을 몰라요. 이렇게 필명으로 게재하니까요. 당신은 철가면[146]처럼 신비로워요.

트레플레프   우리와 오래 있을 건가요?

145. 상트페테르부르크

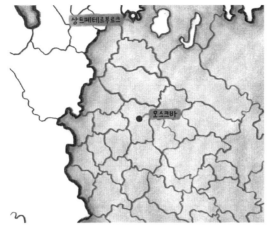

상트페테르부르크(Санкт-Петербург)는 러시아의 북서쪽에 있는 지역이다. 1703년 러시아 제국을 통치하던 표트르 대제가 설립하였으며, 1713년부터 1918년까지 러시아 제국의 수도였고 모스크바 다음으로 인구가 많은 도시이다. 러시아의 대공업 도시로 잘 알려져 있으며, 복잡한 정밀기계의 제조가 특색인 곳이다. 다수의 학술 연구기관, 미술관, 박물관 등이 있어 학술 · 문화의 중심지로 알려져 있기도 하다. 도심이 유네스코의 세계문화유산으로 등록되어 있다. 1896년에 〈갈매기〉가 초연된 알렉산드린스키 극장이 상트페테르부르크에 있다.

146. 철가면

프랑스의 미스터리로 남아있는 역사적 인물인 '철가면의 죄수'로부터 유래한 비유적 표현으로, 비밀스럽고 신비한 인물을 의미한다. 미스터리 속 죄수는 1679년 이탈리아 피네롤로 감옥에 수감되었다가 1698년 프랑스 바스티유 감옥으로 이감되었으며, 항상 철가면을 쓰고 생활하면서 신분이 노출될 수 있는 모든 상황을 감시하에 통제당했다. 이 철가면을 쓴 죄수가 누구인지에 대한 의견은 현재까지도 분분하다. 프랑스의 계몽주의 사상가이자 작가인 프랑수아마리 아루에(François-Marie Arouet, 1694-1778)는 그의 저서 『루이 14세 시대(Le Siècle de Louis XIV)』에서 이 철가면을 쓴 죄수의 정체가 루이 14세의 동생이라 주장하며 루이 14세와 프랑스 정권의 잔혹성을 비판한 바 있다. 이로부터 100년 후 프랑스를 대표하는 소설가 뒤마는 소설 『철가면』에서 이 죄수를 루이 14세의 쌍둥이 동생으로 설정하기도 하였다.

| 트리고린 | 아니요, 내일 모스크바로 갈 생각입니다. 그래야 해요. 중편소설을 서둘러 끝내고, 그러고 나서도 모음집에 무언가를 주기로 약속했어요. 한마디로 말하자면, 오래된 이야기죠. |

그들이 말하는 동안, 아르카지나와 폴리나 안드레예브나는
방 가운데에 카드게임 전용 탁자를 가져와 펼친다.
샤므라예프는 촛불을 켜고, 의자를 놓는다. 책장에서 로토[147]를 꺼낸다.

| | 날씨가 나를 무뚝뚝하게 맞이하네요. 바람이 지독해요. 내일 아침, 고요해지면, 호수에 물고기를 낚으러 갈 거예요. 가는 김에, 그 정원과 장소를 둘러봐야겠어요, 기억하죠? 당신의 희곡을 공연했던. 내 모티브는 거의 완성됐지만, 사건의 장소를 기억 속에 되새길 필요가 있어서요. |

| 샤므라예프 | (아르카지나에게) 그들이 살아있던가요? |

| 아르카지나 | 몰라요. |

| 샤므라예프 | 정말 재능 있는 여배우였죠, 꼭 말씀드리고 싶어요. 이제 그런 배우들은 없어요. 〈커벌리의 살인〉[148]에서 그녀는 이렇게... (손가락 끝에 입맞춤하며) 인생의 10년을 바칠 텐데. |

| 마샤 | (아버지에게) 아빠, 남편이 말을 가져가게 해주세요! 그는 집에 가야 해요. |

| 샤므라예프 | (놀리며) 말... 집에... (엄격하게) 너도 봤잖아. 역에서 지금 온걸. 다시 몰 순 없어. |

| 마샤 | 하지만 다른 말들이 있잖아요... (아버지가 침묵하는 걸 보고 손을 내저으며) 당신과 말하는 건... |

147. 로토

현대의 '빙고 게임'과 유사한 러시아의 게임으로, 이탈리아로부터 전파되어 1840년대에 북부 러시아에서 유행하였다. 자신이 지정한 빈칸 속 숫자를 타인이 부르는 숫자와 맞춰 가며 가장 많이 맞히는 사람이 승리하는 게임이다. 한때는 도박의 한 종류로 여겨지며 금지된 적도 있다.

148. 〈커벌리의 살인〉

프랑스 원작의 〈커벌리의 살인〉은 5막으로 이뤄진 멜로드라마로, 극의 절정에서 기차가 속도를 내며 무대를 가로지르는 장면이 있다.

샤므라예프 (화가 나서 속삭이듯) 자, 날 갈기갈기 찢어. 매달아 버려. 걸어가라고 해!

메드베젠코 나, 마샤, 걸어서 갈게요. 맞아...

폴리나 (한숨 쉬며) 걸어서, 이런 날씨에... (카드게임 전용 탁자 앞에 앉으며) 오세요, 여러분.

메드베젠코 어쨌든, 겨우 6베르스타... 안녕히... (아내 손에 키스한다) 안녕히 계세요, 장모님.

   장모는 마지못해 키스를 위해 그에게 손을 내민다.

   아무도 방해하지 않을게요, 하지만... 아이가. (모두에게 인사한다) 안녕히 계세요... (미안한 걸음걸이로 나간다)

샤므라예프 아마 갈 수 있을 거야. 장군도 아니잖아.

도른 결혼하면, 변하지. 원자, 본질, 플라마리온은 어디로 갔을까. (카드게임 전용 탁자 앞에 앉는다)

폴리나 (탁자를 두드리며) 어서 오세요, 여러분. 시간을 낭비하지 말아요, 그렇지 않으면 곧 저녁 먹으라고 부를 거예요.

   샤므라예프와 마샤는 탁자 앞에 앉는다.

아르카지나 (트리고린에게) 긴 가을 저녁이 찾아올 때면, 여기서 로토 게임을 해요. 여기 봐요. 우리가 어렸을 때, 돌아가신 엄마가 우리와 함께 놀던 오래된 로토예요. 저녁 식사 전에 우리와 한 게임 할래요? (트리고린과 함께 탁자 앞에 앉는다) 지루한 게임이지만, 익숙해지면 꽤 괜찮아요. (모두에게 카드를 세 장씩 나눠준다)

트레플레프   (잡지를 넘기며) 자기 소설은 읽고, 내 건 자르지도 않았어.[149] (잡지를 책상 위에 놓고, 왼쪽 문으로 향한다. 어머니 곁을 지나가다, 그녀의 머리에 키스한다)

아르카지나   너는, 코스챠?

트레플레프   죄송하지만, 뭔가 하고 싶지 않아요. 전 산책할게요. (나간다)

아르카지나   판돈은 그리벤. 나 대신 내주세요, 의사 선생님.

도른   명을 받들겠습니다.[150]

마샤   모두 내셨죠? 제가 시작할게요. 22.

아르카지나   있어요.

마샤   3!

도른   좋아요.

마샤   3에 올렸어요? 8! 81! 10!

샤므라예프   서두르지 마.

아르카지나   하리코프[151]에서 날 어찌나 환영하던지, 세상에, 지금까지 머리가 빙글빙글 돌아요!

마샤   34!

무대 뒤에서 우울한 왈츠가 연주된다.

149. 내 건 자르지도 않았어.

〈갈매기〉의 배경이 된 시대에는 책을 만들 때 큰 종이를 반으로 한 번 접은 형태로 배열한 뒤, 열린 면 쪽을 실로 꿰매어 제본하는 방식을 사용하였다. 그러므로 책을 넘겨 읽기 위해서는 종이의 접힌 면 가장자리를 칼로 갈라야만 했다. 트레플레프는 자신의 작품이 실린 페이지가 갈라지지 않은 채 그대로인 것을 보고, 트리고린이 자신의 작품을 읽지 않았음을 알 수 있었다.

150. 명을 받들겠습니다.

원문에 나타난 도른의 대답을 살펴보면, 일상의 말투가 아닌 옛 사극에 나올 법한 장난스러운 말투임을 확인할 수 있다. 이 말투는 군대에서 사용되거나 노예나 하인, 부하가 주인에게 사용하는 극존칭의 표현이므로, 이를 고려해 말이 지닌 의미에 최대한 가깝게 번역하였다.

151. 하리코프

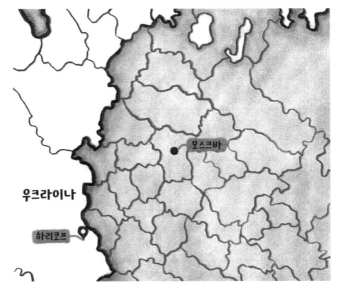

하리코프(Харьков)는 17세기 중반 러시아 제국의 지배 아래에 건설된 도시이다. 소비에트 연방 시절에는 모스크바와 견줄 만한 공업 도시로 성장한 바 있으며, 현재는 우크라이나 북동부에 있는 우크라이나의 영토로 키예프에 이어 두 번째로 큰 도시이다.

아르카지나 대학생들이 박수갈채를 보내고... 바구니 세 개, 화환 두 개, 그리고 여기... (가슴에서 브로치를 떼어 내 탁자 위로 던진다)

샤므라예프 네, 이거 참 물건이네요...

마샤 50.

도른 정확히 50?

아르카지나 난 놀랄 만한 의상을 입었었죠... 어쨌든, 난 옷 입는 것엔 바보는 아니잖아요.

폴리나 코스챠가 연주하네요. 우울한 거죠, 가여워요.

샤므라예프 신문들에서 그는 아주 혼이 나고 있어요.

마샤 77!

아르카지나 신경 쓰지 마세요!

트리고린 그는 운이 없어요. 아직도 진짜 자기 스타일을 찾지 못하고 있죠. 뭔가 이상하고, 모호하고, 때론 헛소리 같기도 해요. 살아있는 사람이 하나도 없어요.

마샤 11!

아르카지나 (소린을 돌아보며) 페트루샤, 지루하죠.

사이.

자고 있네.

도른	4등 문관이 주무시네요.
마샤	7. 90.
트리고린	만약 제가 호숫가의 이런 저택에서 살았다면, 과연 글을 쓰기 시작했을까요? 전 그런 욕망을 물리치고 오직 낚시만 했을 거예요.
마샤	28.
트리고린	잉어나 농어를 잡는 건, 정말 더없는 행복입니다!
도른	난 콘스탄틴 가브릴리치를 믿어요. 뭔가가 있습니다. 뭔가 있어요! 그는 이미지로 생각하고, 그의 소설은 다채롭고, 선명하며, 난 그걸 강렬히 느껴요. 다만 안타까운 건, 그가 명확한 목적을 가지고 있지 않다는 겁니다. 인상을 만들어 내지만, 그 이상은 아무것도 없어요. 어쨌든 인상 하나만으로는 멀리 갈 수 없죠. 이리나 니콜라예브나, 당신 아들이 작가라서 기쁘죠?
아르카지나	상상해 보세요, 난 아직 안 읽었어요. 시간이 없어서.
마샤	26!

트레플레프는 조용히 들어와 자기 책상으로 걸어간다.

샤므라예프	(트리고린에게) 보리스 알렉세예비치, 우리에게 당신 물건이 남아 있습니다.
트리고린	뭐죠?
마샤	1!

샤므라예프 언젠가 콘스탄틴 가브릴리치가 갈매기를 쏴 죽였을 때, 당신이 그걸 박제품으로 맞추라고 제게 의뢰하셨죠.

트리고린 기억 안 나요. (곰곰이 생각하며) 기억이 안 나요!

마샤 66!

트레플레프 (창문을 열고 귀를 기울인다) 정말 어둡네! 왜 이리 불안한지 모르겠어.

아르카지나 코스챠, 창문 닫아, 안 그럼 바람 불어.

트레플레프는 창문을 닫는다.

샤므라예프 바람 분다. 바람 든다.[152] 한 아가씨가 창가에 서 있는 애인과 이야기를 하고 있었는데, 그녀의 어머님이 말했죠. "떨어져, 다셴카, 창가에서, 안 그럼 바람 든다. 바람 든다." (웃는다)

도른 당신의 우스꽝스러운 이야기에서 낡아빠진 누더기 조끼 냄새가 나요.

마샤 88!

트리고린 이 판은 제 겁니다, 여러분!

아르카지나 (유쾌하게) 브라보! 브라보!

샤므라예프 브라보!

아르카지나 이 사람은 언제든 어딜 가나 운이 좋아요! (일어난다) 자, 가서 뭘 좀 먹어요. 우리 유명 인사께서는 오늘 점심을 안 먹었어요. 저녁 식사 후에도 계속할 거예요. (아들에게) 코스챠, 네 원고는 두고, 먹으러 가자.

152. 바람 든다.

러시아어로 '바람 든다'라는 표현은 여러 가지 뜻을 지니고 있다. 대표적인 3가지 의미가 '바람이 들어온다', '감기에 걸릴 수 있다', '임신할 수 있다'인데, 샤므라예프는 이러한 다의적 특성을 고려해 언어유희를 활용한 썰렁한 농담을 하고 있다.

트레플레프 생각 없어요, 엄마, 전 배불러요.

아르카지나 원하는 대로 해. (샤므라예프의 팔짱을 낀다) 내가 말해 줄게요, 하리 코프에서 날 어떻게 환영했는지.

폴리나는 탁자 위의 촛불을 끄고, 모두 다 왼쪽으로 나간다.
무대에는 의자에서 자는 소린과,[153] 책상에 앉아 있는 트레플레프가 남아 있다.

트레플레프 (글을 쓰려다 이미 쓰인 것을 훑어보며) 내가 새로운 형식에 관해 그렇게 많이 말했는데, 지금 느끼는 건, 난 스스로 점점 틀에 박힌 형식에 빠지고 있어. (읽는다) "울타리 위의 벽보가 말한다... 창백한 얼굴, 검은 머리털에 둘러싸인..." 말한다, 둘러싸인... 이건 진부해. (지운다) 이렇게 시작하자, 빗소리에 의해 주인공이 깨어나는 걸로, 그리고 나머진 전부 없애야지. 달밤에 대한 묘사가 길고 기교적이야... 트리고린은 자신만의 기법을 만들어서, 그는 쉽게... 그 사람이라면 '깨진 유리병목이 댐 위에서 반짝이고, 방아굴대의 그림자가 짙어지고, 당신의 준비된 달밤이 여기 있습니다.'[154] 하지만 나는 흔들리는 불빛, 별들의 고요한 반짝임, 멀리서 들려오는 피아노 소리, 조용하고 향기로운 공기 속에서 흐려지는... 이건 괴로워.

사이.

그래, 난 이젠 점점 확신이 생겨, 오래되거나 새로운 형식에 관한 문제가 아니라, 어떠한 형식에 관한 생각도 없이 쓰는 사람이 글을 쓰는 거야. 왜냐하면, 글은 그의 영혼으로부터 자유롭게 흘러나오기 때문이지.

누군가 책상에서 가장 가까운 창문을 두드린다.

뭐지? (창문을 본다) 아무것도 보이지 않아... (유리문을 열고 정원을 본다) 누가 계단을 뛰어 내려갔어. (소리친다) 누구세요? (나간다)

153. 무대에는 의자에서 자는 소린과,

155. 삼촌이에요. 주무시고 계세요.

159. (소린에게 머리를 끄덕이며) 안 좋으신가 봐요.

161. 그녀가 읽는 동안, 소린이 깨어나 일어선다.

162. 소린도 안은 다음,

163. 소린은 자신의 안락의자에 앉는다.

수정된 〈갈매기〉에서는 니나와 트레플레프의 재회 장면에서 소린이 아예 등장하지 않는다. 니나가 등장하기 직전, 모든 인물이 퇴장할 때 소린도 함께 퇴장한다. 하지만 이 책이 원문으로 삼은 '검열 전 대본'에 의하면, 소린은 다른 인물이 퇴장할 때 퇴장하지 않고 무대 위에서 그대로 본인의 안락의자에 앉아 잠을 자고 있다. 니나가 들어와 소린을 발견하자 트레플레프는 '삼촌은 주무시고 계신다'라며 니나를 안심시키고, 둘의 재회가 끝난 후 니나가 떠나기 전 소린을 안아주고 떠나기도 한다. 이 책에서는 원문에 나타난 그대로를 복원하여 번역하였다.

집필진의 분석 노트 체호프의 노트의 따르면 1896년 10월 17일 초연된 공연의 4막에서, 소린은 위에서 언급한 바와 같이 무대 위 안락의자에 잠들어 있다. 이후 니나의 마지막 독백 중 갑자기 일어나기도 한다. 이처럼 체호프가 무대 위에 소린을 남겨둔 것은 어떠한 의도가 있었을 것으로 짐작된다. 여러 학자와 논문들에 의해 상징적인 의미가 내포되어 있다고도 전해지긴 하지만, 누구도 체호프의 정확한 의도는 알 수 없는 것이 사실이다. 당시 초연을 본 관객들은 이 장면에서 소린의 존재를 일종의 부조화로 받아들이며, 도대체 왜 30분이 넘는 시간 동안 하필 무대 위에서 잠을 자는지, 혹시 죽은 건 아닌지에 대해 궁금해했다. 체호프가 만든 이런 재미없는 연극 때문에 잠들 뿐 아니라 죽을 수도 있다는 냉혹한 평이 뒤따르기도 했다. 결국, 첫 공연에서의 이러한 반응으로 인해 이후 공연에서는 소린을 퇴장하게 했고, 마지막 장면에서 트레플레프와 니나만 남게 되었다고 한다.

154. '깨진 유리 병목이 댐 위에서 반짝이고, 방아굴대의 그림자가 짙어지고, 당신의 준비된 달밤이 여기 있습니다.'

트리고린이라면 이렇게 썼으리라 추측하면서 트레플레프가 말하고 있는 이 문장은, 체호프가 1886년에 쓴 한 단편에 나오는 구절을 빌린 것이다.

그가 테라스에서 빠르게 걸어가는 소리가 들리고,
30초 후에 니나 자레츠나야와 함께 돌아온다.

니나! 니나!

니나는 그의 가슴에 머리를 묻고 숨죽여 흐느낀다.

(매우 감격해서) 니나! 니나! 당신이야, 당신... 난 확실히 예감이 들었
어, 하루 종일 내 마음이 몹시 괴로웠어요. (그녀의 모자와 무릎까지
오는 외투를 벗긴다) 오, 나의 사랑하는, 나의 연인, 그녀가 왔어! 우
리 울지 말아요, 울지 맙시다.

니나   여기 누군가 있어요.

트레플레프   삼촌이에요. 주무시고 계세요.<u>155</u>

니나   문들을 잠가요, 그렇지 않으면 들어올 거예요.

트레플레프   아무도 들어오지 않아요.

니나   난 알아요, 이리나 니콜라예브나가 여기 있단걸. 문들을 잠가요...

트레플레프   (오른쪽 문을 열쇠로 잠그고, 왼쪽 문으로 다가간다) 여긴 자물쇠가 없
어요. 안락의자로 막을게요. (문 앞에 안락의자를 놓는다) 무서워하지
말아요, 아무도 들어오지 않아요.

니나   (그의 얼굴을 뚫어지게 바라보며) 당신을 보게 해주세요. 지금 그는
(소린에게 다가가서) 주무시네요... 따뜻해, 좋아요... 그때 여긴 응접실
이었어요. 나 많이 변했죠?

트레플레프   네... 살이 빠졌고, 눈이 더 커졌어요. 니나, 어쩐지 이상해요, 당신을 보고 있다는 게. 왜 날 들여보내 주지 않았어요? 왜 지금까지 안 왔어요? 난 알아요, 당신이 여기에서 벌써 거의 일주일 동안 지냈다는 걸. 난 날마다 몇 번씩 당신에게 갔고, 당신 창가 아래에 거지처럼 서 있었죠.

니나   당신이 나를 미워하는 게 두려웠어요. 매일 밤 꿈을 꿔요, 당신이 날 바라보고도 알아보지 못하는. 당신이 알았더라면! 도착했을 때부터 난 여기 주변을 계속 걸었어요... 호수 근처를. 당신 집 주위를 여러 번 왔지만, 감히 들어올 수가 없었어요. 우리 앉아요. (앉는다) 앉아서 이야기하고, 이야기해요. 여긴 멋지고, 따뜻하고, 아늑해요... 들려요, 바람? 투르게네프에 이런 부분이 있어요. "이런 밤에 집 지붕 아래에 앉을 수 있는 누군가, 따뜻한 모퉁이를 가진 누군가는 행복하다."[156] 난 갈매기... 아니, 그게 아냐... (자기 이마를 문지른다) 나 뭐라고 했죠? 네... 투르게네프... "그리고 신은 집 없는 모든 방랑자를 도울 것이다."[157] 괜찮아요... (참으며 흐느낀다)

트레플레프   니나, 당신 또... 니나!

니나   괜찮아요, 이게 더 나아요. 난 벌써 2년이나 울지 않았어요. 어제 늦은 저녁에 우리 무대가 온전한지 보려고 정원에 갔었어요. 여전히 서 있더라고요. 2년 만에 처음으로 울기 시작했죠, 고통이 사라졌고, 마음이 맑아지기 시작했어요. 봐요, 나 이제 안 울어요. (그의 손을 잡는다) 결국, 당신은 이제 작가가 됐네요. 당신은 작가, 난 배우. 나와 당신도 소용돌이 안으로 들어간 거죠. 난 즐겁게 살았어요. 아이처럼... 아침에 눈 뜨면 노래했고, 당신을 사랑했고, 명성을 꿈꿨고, 그런데 지금은? 내일 아침 일찍 삼등석을 타고 옐레츠[158]로 가요... 농부들과 함께. 옐레츠에선 교육받았다는 상인들이 말치레하며 귀찮게 하겠죠. 거친 인생!

트레플레프   옐레츠엔 왜?

156. "이런 밤에 집 지붕 아래에 앉을 수 있는 누군가, 따뜻한 모퉁이를 가진 누군가는 행복하다."

157. "그리고 신은 집 없는 모든 방랑자를 도울 것이다."

1856년에 출간된 투르게네프의 소설 〈루딘〉에 나오는 구절이다.

집필진의 분석 노트   혹시나 원문이 궁금할 독자를 위해 국내 번역서에서 해당 부분이 담긴 구절을 첨부한다. (출처 _ 이반 투르게네프 작, 김학수 옮김, 〈처녀지·루딘〉, 범우사. p. 483)

"밖에서는 갑자기 일기 시작한 바람이 유리창을 사정없이 두드리고 마치 짐승의 울음소리처럼 불길한 음향을 끌며 울부짖었다. 길고 긴 가을밤이 찾아들었다. 이러한 밤에 지붕 밑에 편안히 들어앉을 수 있는 사람은, 따뜻한 자기의 보금자리를 가진 사람은 행복하다...... 신이여, 집 없이 헤매는 방랑자에게 도움을 주소서!"

158. 옐레츠

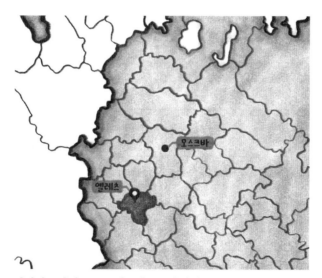

옐레츠(Елец)는 러시아 리페츠크주에 있는 지역이다. 현재의 러시아에서도 인구가 약 1,300만 명에 육박하는 모스크바와 비교하면, 약 10만 명도 살지 않는 작은 시골이라 볼 수 있다. 구경할 거리가 거의 없는 지방으로 인식되는 곳이다.

니나	겨울 내내 계약을 했어요. 가야 할 시간이에요. (소린에게 머리를 끄덕이며) 안 좋으신가 봐요.[159]

트레플레프	네.

사이.

니나, 난 당신을 저주했고, 증오했고, 당신의 편지와 사진을 찢어버렸어요, 하지만 매 순간 깨달았어요, 나의 영혼은 당신에게 영원히 묶여 있단걸. 당신을 사랑하지 않는 건 내 힘으로 안 돼요, 니나. 내가 당신을 잃고, 출판을 시작한 그 이후로, 삶은 나에게 견딜 수 없는 게 되었어요, 괴로워요... 내 청춘은 갑자기 뜯겨나갔고, 이미 이 세상에서 90년은 산 것 같아요. 난 당신을 부르고, 당신이 걸어간 그 땅 위에 키스해요. 난 어딜 보던, 모든 곳에서 당신의 얼굴을 봐요, 내 인생의 최고로 좋았던 몇 년 동안 날 비춰주던 이 부드러운 미소...

니나	(당황하며) 어째서 이렇게 이야기하지, 어째서 그는 이렇게 말하지?

트레플레프	난 외로워요. 그 누구의 애정으로도 따뜻해지지 않아요. 난 추워요, 지하동굴 안에 있는 것처럼, 그리고, 내가 무엇을 쓰든, 모두 메마르고, 싸늘하고, 음울해요. 우리와 함께 있어요, 니나, 당신께 빌게요, 아니면 내가 당신과 함께 떠나게 허락해 줘요.

니나는 빠르게 모자를 쓰고 외투를 입는다.

트레플레프	니나, 왜? 제발, 니나... (그녀가 옷 입는 것을 바라본다)

사이.

니나	쪽문 옆에 내 말이 서 있어요. 배웅하지 마세요, 나 혼자 갈게요... (눈물을 보이며) 물 좀 주세요.

트레플레프   (그녀가 물을 실컷 마시게 한다) 당신은 이제 어디로 가죠?

니나   시내로요.

사이.

이리나 니콜라예브나가 여기 있나요?

트레플레프   네. 목요일에 삼촌이 좋지 않아서, 오시라고 전보를 쳤어요.

니나   왜 당신은 내가 걸었던 땅 위에 키스한다고 말하는 거죠? 날 죽여야 마땅한데. (탁자에 기대며) 난 너무 피곤해요! 쉴 수 있다면... 쉬었으면. (머리를 든다) 난 갈매기. 그게 아냐. 난 배우. 그래, 맞아. (아르 카지나와 트리고린의 웃음소리를 듣고, 귀를 기울이고는, 왼쪽 문으로 달려가 자물쇠 구멍을 통해 본다) 그리고 그도 여기에... (트레플레프에게 돌아온다) 네, 그래요... 괜찮아요... 그래요... 그이는 연극을 믿지 않았고, 내 꿈을 항상 비웃었죠, 나 역시 조금씩 믿지 않게 되었고, 사기가 꺾였어요... 거기에다가 사랑에 대한 걱정, 질투, 아이에 대한 끊임없는 두려움... 난 소심해졌고, 하찮아졌고, 바보같이 연기했어요... 난 손을 어떻게 해야 할지 알지 못했고, 무대 위에 서 있을 수 없었고, 목소리를 조절하지 못했어요. 당신은 그 기분 이해 못 해요, 끔찍하게 연기하는 걸 느끼는 그때, 난 갈매기. 아냐, 그게 아냐. 기억 나죠, 당신이 갈매기를 쐈던 거. 우연히 한 남자가 와서, 보고는, 그 이상은 할 게 없어 파멸시켜 버렸다...[160] 작은 단편소설의 줄거리. 이게 아니야... (자기 이마를 문지른다) 나 뭐라고 했죠? 난 무대를 말하는 거예요. 난 이제 지금은 그렇지 않아. 난 이미 진짜 배우고, 난 즐겁게, 환희와 함께 연기하고, 무대 위에서 도취하고, 나 자신을 매우 아름답게 느껴요. 그리고 이제, 여기 머무는 동안, 난 계속 걸었고, 계속 걷고 생각하고, 생각하고 느꼈어요, 내 영혼의 힘이 매일 성장한다는 걸... 난 이제 알아요, 이해해요, 코스챠, 우리의 일은, 모두 같아요, 우리가 무대 위에서 쓰든 연기하든, 중요한 것은 명성이 아니라,

160. 우연히 한 남자가 와서, 보고는, 그 이상은 할 게 없어 파멸시켜 버렸다...
니나와 대화를 나누던 트리고린이 언급한, 단편소설을 위한 줄거리의 일부와 같은 문장이
다. 2막의 102번 주석을 참고하길 바란다.

광채가 아니라, 내가 꿈꿨던 것이 아니라, 인내하는 능력이에요. 자신의 십자가를 짊어질 줄 알고 믿음을 가져야 해요. 난 믿어요, 그래서 그렇게 고통스럽지 않아요, 내 사명을 생각할 때면, 난 삶이 두렵지 않아요.

트레플레프 (슬프게) 당신은 자신의 길을 찾았고, 당신은 알아요, 어디로 갈지, 하지만 난 아직 꿈과 이미지의 혼돈 속에서 달리고 있어요. 알지 못하죠, 무엇을 위한 건지 또는 누구에게 필요한 건지. 난 믿음이 없고, 내 사명이 뭔지 모르겠어요.

나나 (귀를 기울이며) 쉿... 난 갈게요. 안녕히 계세요. 내가 훌륭한 배우가 되면, 날 보러 와요. 약속하죠? 그리고 지금은... (그의 손을 꽉 잡는다) 이미 늦었어요. 나 겨우 서 있어요. 난 지쳤고, 배고파요...

트레플레프 남아 있어요, 내가 저녁 식사를 줄게요.

나나 아니, 아니요... 배웅하지 말아요, 나 혼자 갈게요. 내 말이 가까이 있어요... 그러니까 그녀가 그를 데리고 온 거죠? 뭐, 상관없어요. 트리고린을 보면, 그에게 아무 말도 하지 마세요. 난 그를 사랑해요. 난 그를 훨씬 더 사랑해요, 이전보다 더. 작은 단편소설의 줄거리. 사랑하고, 열렬히 사랑하고, 절망할 정도까지 사랑해요. 예전엔 좋았어요, 코스챠! 기억해요? 얼마나 빛나고, 따뜻하고, 기쁘고, 순수한 삶이었는지, 부드럽고, 우아한 꽃을 닮은 그런 느낌! 기억나요? (침대에서 시트를 가져와 벤치에 앉은 채로 걸친다) "인간, 사자, 독수리, 그리고 자고새, 뿔 달린 사슴, 거위, 거미, 물속에 사는 말 없는 물고기, 불가사리 그리고 눈으로 볼 수 없는 것들, 한마디로, 모든 생명, 모든 생명, 모든 생명이 슬픈 순환을 마치고, 사라졌다...

그녀가 읽는 동안, 소린이 깨어나 일어선다.[161]

이미 수천 세기 동안 지구는 단 하나의 생명체도 가지고 있지 않았고, 이 초라한 달은 헛되이 자신의 등불을 밝히고 있다. 초원에서는 더 이상 두루미의 비명으로 잠 깨지 않으며, 보리수 숲에서는 5월의 딱정벌레 소리가 들리지 않는다." (시트를 던지고, 트레플레프를 격정적으로 껴안고, 소린도 안은 다음,[162] 유리문 밖으로 달려 나간다)

트레플레프 (잠시 사이를 두고) 그녀가 여기 있었단 걸 누군가 엄마한테 말하면 안 되는데. 엄마를 괴롭게 할 거야...

소린은 자신의 안락의자에 앉는다.[163]
트레플레프는 2분 동안 말없이 자신의 모든 원고를 찢어 책상 아래로 던지고는
오른쪽 문을 열고 나간다.

도른 (왼쪽 문을 열려고 애쓰며) 이상하네. 문이 잠긴 것 같아... (들어와서 안락의자를 제자리에 놓는다) 장애물 경주 같네.

폴리나 (그를 따라 들어오며) 당신은 계속 그녀를 보고 있었어요. 제발, 신성한 모든 것들의 이름으로 간절히 부탁할게요. 날 괴롭히지 말아요. 그녀를 쳐다보지 말고, 그녀와 오랫동안 대화하지 마세요.

도른 그래요, 노력할게요...

폴리나 (자신의 가슴에 그의 손을 대고 꽉 누르며) 나 알아요, 나의 질투가 바보 같고, 무의미하다는걸, 나 자신도 부끄러워요. 내가 당신을 질리게 했어요.

도른 아니, 괜찮아요. 만약 당신이 조용히 있기 힘들다면, 계속해요.

아르카지나가 들어오고, 그 뒤에 술병들을 든 야코프, 마샤,
그 뒤에 샤므라예프와 트리고린이 들어온다.

아르카지나 보리스 알렉세예비치를 위한 적포도주와 맥주는 여기 놓아줘요, 탁자 위에. 우리는 게임 하면서 마실 거예요. 앉읍시다, 여러분.

폴리나   (야코프에게) 지금 차도 내와요. (촛불을 켜고, 카드게임 전용 탁자에 앉는다)

샤므라예프   (트리고린을 진열장으로 데리고 간다) 바로 이겁니다, 제가 전에 이야기하던... (진열장에서 갈매기 박제품을 꺼낸다) 당신이 주문하신 겁니다.

트리고린   (갈매기를 바라보며) 기억 안 나요! (잠시 생각하며) 기억이 안 나요!

오른쪽 무대 뒤에서 총소리.
모두 몸서리치며 놀란다.

아르카지나   (겁에 질려) 뭐죠?

도른   괜찮아요. 이건, 분명, 내 왕진 약 가방에서 무언가 터진 걸 거예요. 걱정하지 마세요. (오른쪽 문으로 나가고, 30초 뒤에 돌아온다) 그렇네요. 에테르[164] 유리병이 터졌어요. (흥얼거린다) "나 다시 그대 앞에 매혹되어 서 있네..."[165]

아르카지나   (탁자에 앉으며) 후우, 놀랐어요. 이게 날 상기시켜서, 그... (두 손으로 얼굴을 가린다) 눈앞이 캄캄해졌어요...

도른   (잡지를 넘기며 트리고린에게) 여기 두 달 전에 한 논설이 실렸는데... 미국에서 온 편진데, 그리고 전 당신에게 물어보고 싶어요... 그런데... (트리고린의 허리를 잡고 각광 쪽으로 데려간다) ...난 이 문제에 매우 관심이 많아서요... (더 낮은 목소리로, 속삭이듯이) 이리나 니콜라예브나를 어딘가로 데려가세요. 사실은, 콘스탄틴 가브릴로비치가 자살했습니다...

– 막 –

164. 에테르

에테르는 휘발성과 인화성이 매우 높은 액체이며, 달콤한 향기가 나고 마취성이 있는 물질이다. 빛과 산소를 만나 결합하면 화학작용을 일으키며 폭발하기도 하므로, 공기 중에 오랜 시간 방치되었던 에테르는 특히 주의해서 다루어야 한다. 도른은 이러한 에테르의 특성을 활용해 에테르 병이 터졌다며 사람들을 안심시킨 것이다.

165. "나 다시 그대 앞에 매혹되어 서 있네..."

바실리 이바노비치 크라소프(Константин Степанович Шиловский, 1810-1854)의 시에 작곡가 미상의 곡을 붙인 노래이다.

4장

배우들의 질문 목록

처음부터 이 책은 배우들을 위해, 배우들에 의해 시작되었다. 많은 배우의 눈과 귀와 입을 거쳤다. 초고를 읽고, 리딩 작업에 참여하고, 공연을 함께 만들고, 기꺼운 마음으로 원고의 수정본까지 열심히 읽어주며, 수많은 배우가 우리와 함께했다.

모든 과정이 질문의 연속이었다. 〈갈매기〉를 읽으며 궁금했던 부분들이 원문을 번역하며 해소되기도 했지만, 원문을 봐도 알 수 없는 지점들이 여전히 많았고, 오히려 원문을 보고 나니 새롭게 궁금해진 것들까지 더해져 질문이 꼬리에 꼬리를 물고 이어졌다. 매번 다양한 질문과 답, 토론과 토의가 오고 갔다. 쉬이 답을 내릴 수 없는 질문들을 던지고, 생각하며, 찾아가는 그 과정에서 우리의 상상력은 확장되었고, 창조적 변형을 생성했다. 작품 속 인물을 현존하는 배역으로 창조해 나가는 작업의 주도권이 배우인 우리에게 있음을 체감할 수 있는 순간들이었다.

그리하여, 이 책을 여기까지 읽은 당신에게도, 우리의 질문들을 나누어 보고자 한다. 부디 이어지는 질문들이 당신의 감상과 사고를 깊고 풍성하게 하는 데에 보탬이 되기를. 그래서 이 책의 많고 많은 여백에 당신만의 답을 적극적으로 채워가 주기를. 그리고 언젠가 우리와 만나게 된다면, 당신의 〈갈매기〉도 우리와 나누어 주기를!

작품에 관한 질문

- 제목이 〈갈매기〉인 이유는 무엇일까?

- 체호프는 〈갈매기〉를 코미디라고 했는데, 왜 그랬을까?

- 체호프는 〈갈매기〉를 '5푸드의 사랑 이야기'라고 했다는데, 무슨 의미일까?

- 체호프는 〈갈매기〉를 무대 조건에 반(反)하는 이상한 이야기라고 했는데, 왜 그랬을까?

- 〈갈매기〉에 나타난 갈등은 표면에 보이는 것들이 전부일까?

- 〈갈매기〉가 1896년 초연에서 흥행에 실패한 원인은 무엇일까?

- 초연 2년 뒤, 모스크바 예술극장에서 〈갈매기〉가 크게 성공한 원인은 무엇일까?

- 타인에 의해 검열되고, 수정되는 자기 작품을 보면서 체호프는 어떤 생각을 했을까?

- 영혼에 관한 이야기가 많은 것은 종교적인 영향일까? 또는 시대적 영향일까?

- '갈매기'는 '인간의 삶, 본성, 내면을 형상화한 것'이라는 해석이 존재한다. 그 근거는 무엇일까?

- 〈갈매기〉 속 호수가 의미, 상징하는 바는 무엇일까?

- 갈매기의 시간적 배경에 관해, 연출가 케이티 미첼(Katie Mitchell)은 『연출가의 기술』에서 체호프가 1895년 갈매기를 완성하였다는 것을 근거로 1, 2, 3막은 1893년 여름에, 4막은 1895년 가을에 일어난 일이라고 말한다. 그렇다면, 〈갈매기〉 속 어디에서 그러한 현실적 시간과 계절적 배경을 유추할 수 있을까?

- 초고에서는 1막 마지막 부분에 마샤와 도른의 부녀관계에 관한 이야기가 존재했다. 이후 체호프의 친구 단첸코의 제안으로 초연 대본에서는 빠지게 되었는데, 만약 삭제하지 않고 다른 방향으로 발전시켰다면 어땠을까?

- 〈갈매기〉는 현대 연극의 지평을 열었다는 평이 있다. 이유가 뭘까?

- 〈갈매기〉는 여전히 전 세계적으로 공연되고 있고, 많은 예술가에게 여전히 사랑받는 작품 중 하나이다. 그 이유는 뭘까?

아르카지나에 관한 질문

- 아르카지나는 얼마나 유명한 배우인가?
- 아르카지나에게도 무명 배우의 시절이 있었을까?
- 트레플레프의 작품이 신문에서 혹평받는 것을 아르카지나도 분명 봤을 텐데, 어떤 마음이 들었을까? 도른에게 말한 것처럼 아르카지나는 정말로 아들의 작품을 안 읽었을까?
- 이 집에서 경제 활동을 하는 유일한 사람이 아르카지나다. 그녀의 수입은 얼마일까?
- 트레플레프의 말처럼, 아르카지나는 오데사의 은행에 많은 돈을 보유하고 있을까?
- 아르카지나의 이름은 원래 아버지의 성을 따르면 '이리나 니콜라예브나 소리나', 남편의 성을 따르면 '이리나 니콜라예브나 트레플레바'였을 것이다. 그런데 그 누구의 성도 따르지 않고 '이리나 니콜라예브나 아르카지나'라는 이름을 쓴다. 왜일까?
- 아르카지나의 남편은 죽은 걸까? 이혼한 걸까?
- 아르카지나는 어떤 담배를 피울까?
- 이상한 연극을 하고, 자살 시도를 하는 아들을 보며 아르카지나는 어떤 생각을 했을까?
- 아르카지나는 트리고린을 처음 본 날, 왜 울부짖었다고 할까? 이유가 무엇일까?
- 트리고린이 하루만 더 머무르자고 했을 때, 아르카지나는 어떤 심정이었을까?
- 그리고 다시 자기 뜻대로 된 트리고린을 보면서, 어떤 생각이 들었을까?
- 니나와 아이까지 낳고 살다가 온 트리고린을 아르카지나는 어떤 마음으로 다시 만난 걸까?

트레플레프에 관한 질문

- 트레플레프가 추구하는 예술은 어떤 것일까?
- 트레플레프는 왜 새로운 형식을 중요하게 생각할까?
- 트레플레프는 언제부터 소린의 별장에 살기 시작했을까?
- 어린 시절에 발레리나인 이웃이 살던 곳에서 트레플레프는 얼마나 살았을까?
- 트레플레프의 진정한 꿈은 무엇이었을까?
- 트레플레프가 니나를 사랑하게 된 계기는 무엇일까?
- 트레플레프가 자살한 이유는 무엇일까? 계획했을까, 아니면 충동적, 우발적 자살이었을까?
- 트레플레프는 아버지의 빈자리로 인해 어떤 심리적 변화를 겪었을까?
- 트레플레프는 혹시 오이디푸스 증후군 같은 건 아니었을까?
- 트레플레프가 연주하던 피아노 곡은 어떤 것이었을까?
- 트레플레프는 언제부터 피아노를 쳤을까? 치면서 무슨 생각을 할까?
- 트레플레프는 자신이 죽인 갈매기가 박제된 것을 알고 있었을까? 그렇다면 그 박제품을 보면서 어떤 생각을 했을까?
- 훌륭한 배우가 되면 보러 오라는 니나의 말은 트레플레프에게 어떤 의미로 다가갔을까?

소린에 관한 질문

- 소린은 왜 작가를 동경했을까?

- 소린은 어떤 삶을 살고 싶은 사람일까?

- 소린은 법무부에서 4등 문관으로 28년을 일했다. 고위 관료였을 것 같은데, 결혼을 그렇게 하고 싶었음에도 왜 못 했을까?

- 소린은 트레플레프를 불쌍하게 생각하는 걸까?

- 4막에서 니나가 말하는 중간에, 갑자기 소린이 일어나는 부분이 있다. 왜일까?

- 소린의 영지가 상당히 큰데, 이건 물려받은 것일까? 아니면 본인이 일군 자산일까?

- 소린은 니나를 왜 좋아한 걸까? 젊음에 대한 동경이었을까? 아니면 이성적 관심이었을까?

- 소린은 트레플레프의 글을 어떻게 생각하고 있을까?

- 소린과 도른은 어느 정도의 친밀함을 가지고 있을까?

니나에 관한 질문

- 니나는 트레플레프를 어떻게 처음 만나게 됐을까? 첫인상은 어땠을까?
- 니나는 마샤가 트레플레프를 사랑한다는 사실을 알고 있었을까? 알았다면 무슨 생각이 들었을까?
- 니나는 트레플레프의 희곡을 어떻게 생각할까?
- 니나는 배우의 꿈을 언제부터 가지게 된 걸까? 얼마나 간절했을까?
- 니나는 연기 공부를 어떻게 했을까? 누구한테 레슨을 받았을까? 독학한 걸까?
- 니나의 부모는 니나가 배우가 되는 걸 왜 그렇게 싫어했을까?
- 니나는 트리고린과 살면서 어떤 일들을 겪었을까? 그 일들은 니나에게 어떤 영향을 미쳤을까? 니나의 가치관은 어떻게 달라졌을까?
- 니나와 트리고린의 아이가 죽었을 때, 아이의 장례는 어떻게 치렀을까?
- 니나는 트리고린이 자신을 떠났음에도 불구하고 아직도 사랑한다. 도대체 트리고린을 그토록 사랑하는 이유가 무엇일까?
- 니나는 왜 다시 돌아온 걸까? 정말 트리고린 때문일까?
- 니나는 트리고린이 온다는 사실을 언제부터 알고 있었을까?
- 니나는 4막에서 트레플레프와 재회했을 때, 왜 그렇게 배고파하고 목말라했을까? 경제적 문제였을까? 심리적 문제였을까?
- 니나는 4막에서 왜 자꾸 이마를 문지를까? 이전에는 전혀 보이지 않던 모습인데, 그동안 새로 생긴 습관일까? 무엇 때문에 생긴 걸까?
- 니나가 생각하는 스스로의 십자가란 어떤 것일까?
- 트레플레프의 장례식이 열린다면, 니나는 올까?

샤므라예프와 폴리나, 그리고 야코프에 관한 질문

- 폴리나와 샤므라예프는 어떻게 결혼하게 된 걸까?
- 폴리나에게 샤므라예프는 어떤 존재일까?
- 마샤가 도른의 딸이라면, 폴리나는 어떤 마음으로 마샤를 키웠을까?
- 샤므라예프는 퇴역 군인(중위)이라는 설정인데, 이유가 있을까?
- 샤므라예프는 폴리나의 마음이 향하는 곳이 도른이라는 것을 몰랐을까? 만약 안다면 어떤 마음이었을까?
- 사랑하지 않는 메드베젠코와의 결혼을 결심한 마샤를 보고, 폴리나는 무슨 생각을 했을까?
- 샤므라예프가 말의 건강 관리에 그토록 집착하는 이유가 무엇일까?
- 샤므라예프가 대놓고 아르카지나의 미모를 칭찬하는 걸 보면, 폴리나는 아무렇지 않을까?
- 샤므라예프는 트레플레프의 작품이 신문에서 혹평받는다는 것을 알고 있고, 그걸 이야기한다. 그는 트레플레프의 작품을 진짜 읽은 걸까? 아니면 신문만 보고 그 얘길 한 걸까?
- 샤므라예프는 마샤를 어떻게 생각할까? 자신의 딸이 아닌 걸 알고 있을까?
- 샤므라예프는 왜 아르카지나에게 돈을 보낼까?
- 샤므라예프는 언제 이 집에 고용되었을까? 폴리나, 마샤와 함께 이 집에 산 지 얼마나 되었을까?
- 야코프는 이 극에서 도대체 무엇을 하는 인물인가? 존재 이유가 무엇일까?

마샤에 관한 질문

- 체호프는 왜 등장인물 소개에 마샤를 '마리야 일리니치나 샤므라예바'라고 쓰지 않고, 오로지 '마샤'라고만 적었을까?
- 모든 막을 시작하는 인물이 마샤라는 점은 작품에서 어떤 의미를 지니는 걸까?
- 마샤의 이름은 누가 지었을까? 폴리나? 샤므라예프? 또는 도른?
- 마샤는 자신의 아버지가 도른이라는 점을 알고 있을까?
- 마샤가 니나를 대하는 마음은 어떤 것일까? 둘은 언제 처음 알았을까?
- 마샤는 언제부터 소린의 영지에 살게 되었을까?
- 한집에서 살게 된 마샤와 트레플레프 사이에는 어떤 일들이 있었을까?
- 트레플레프는 왜 마샤를 '마셴카'라고 불렀을까? 러시아의 지소체를 고려하면, '마셴카'라는 이름은 애정이 담긴 표현이다. 극 중에서 트레플레프는 마샤를 극도로 혐오하는 듯한데, 왜 이렇게 부르는 것일까? 둘만 아는 과거가 있는 걸까?
- 마샤는 트레플레프의 작품을 잘 이해하고 있을까? 그를 사랑하기 때문에 작품까지 좋아하는걸까? 아니면 정말 작품 자체에 대한 애정이 있는 걸까?
- 트레플레프가 자살한 후 마샤는 어떤 생각을 할까? 어떤 선택을 할까?
- 마샤가 입던 상복은 어떻게 생겼을까? 상복이라 칭하는 검은 옷들이 얼마나 많았을까? 그 옷들을 입으면서 마샤는 무슨 생각을 했을까?
- 소린은 마샤를 '마리야 일리니치나'라고 부른다. 이름과 부칭을 부르는 것은 예의를 갖추어야 하는 상황에서 사용하는 호칭이라고 했는데, 소린은 어른이고 이 땅의 영주이다. 마샤는 영지 관리인의 딸인데 왜 저렇게 부르는 걸까?
- 마샤는 왜 술을 많이 마시는 걸까? 담배도 왜 하필 코담배를 하는 걸까?
- 2막에서 마샤의 발이 저린 이유는 무엇일까? 코스챠를 따라 나가기 위한 핑계를 만들려고 하는 말일까? 지병일까? 술을 많이 마신 탓일까? 오래 앉아 있어서일까?
- 마샤는 트리고린을 상당히 다정하고 솔직하게 대한다. 이유가 뭘까?
- 4막에서 마샤는 다시 돌아온 니나가 머무는 곳을 왜 찾아가 봤을까?
- 메드베젠코와 아이를 가지게 된 마샤는 어떤 생각이 들었을까?
- 결혼한 후에도 계속 소린 영지를 찾아오며, 마샤는 어떤 생각들을 했을까?
- 떠난 니나를 여전히 잊지 못하는 트레플레프를 보며 마샤는 어떤 생각을 했을까?

트리고린에 관한 질문

- 트리고린과 아르카지나는 어떻게 사랑에 빠지게 되었을까?

- 트리고린은 아르카지나와 신문에 오르내리는 것을 어떻게 생각했을까? 즐겼을까?

- 트리고린에게 아르카지나는 도대체 어떤 존재였을까?

- 트리고린에게 사랑이란 무엇일까?

- 트리고린은 글을 쓰는 것에 관한 강박관념이 있다고 말한다. 체호프의 자전적 이야기
  일까?

- 트리고린은 인기 작가로 나오는데, 얼마나 유명한 작가일까? 수입은 어느 정도일까?

- 트리고린에게 다른 가족은 없을까?

- 트리고린은 트레플레프에게 죄책감을 전혀 느끼지 않았을까?

- 트리고린은 정말 갈매기 박제품을 주문한 사실을 잊었을까? 잊은 척하는 걸까? 생각하
  기 귀찮은 걸까?

- 체호프는 왜 트리고린을 낚시를 좋아하는 사람으로 설정했을까? '낚시'라는 것이 가지
  는 특별한 의미가 있을까?

도른에 관한 질문

- 도른이라는 인물은 살아가는 이유가 뭘까?
- 도른은 왜 자꾸 노래를 부를까?
- 도른의 말을 보면 그 역시 창작에 대한 동경과 욕구가 있는 것 같다. 도른의 진정한 꿈은 무엇일까? 그가 의사가 된 것은 어릴 적부터 꿈꾸던 일이었을까?
- 도른은 왜 산부인과 의사가 되었을까? 전공을 그렇게 선택한 이유가 있을까? 정말 실력 있는 의사일까?
- 도른이 트레플레프의 희곡을 좋아한 이유가 무엇이었을까?
- 도른은 트레플레프의 희곡에서 어떤 예술적 영감을 받았을까?
- 도른은 마샤가 자기 딸인 걸 알고 있을까? 모를까? 아니면 의심하는 중일까?
- 도른은 트레플레프를 사랑하며 망가져 가는 마샤를 보고 무슨 생각을 했을까?
- 도른과 폴리나는 어쩌다가 그런 관계가 되었을까?
- 도른은 폴리나를 진심으로 어떻게 생각할까?
- 도른은 샤므라예프를 보며 어떤 생각을 할까?
- 도른은 폴리나를 안 받아주는 듯하면서 적극적으로 거부하지도 않는다. 이건 체면 때문일까? 상처 주지 않기 위함일까? 아예 체념한 걸까? 아직도 마음이 남은 걸까? 마샤를 생각해 부채 의식을 느끼는 걸까?
- 도른은 왜 마샤의 코담배갑을 풀숲으로 던졌을까?
- 도른은 왜 메드베젠코를 무시하는 듯한 발언을 계속할까?
- 도른은 아르카지나의 연기와 그녀의 연극을 본 적이 있을까? 어떻게 평가할까?
- 도른과 아르카지나 사이엔 그 오랜 세월 동안 어떤 이성적 교류도 전혀 없었을까?
- 도른과 폴리나와 관계는 정말 아무에게도 들키지 않았을까?

메드베젠코에 관한 질문

- 메드베젠코는 계속 돈에 관한 이야기를 하는데, 그에게 돈이라는 것은 어떤 의미를 가지는 걸까?
- 메드베젠코가 마샤를 사랑하게 된 계기는 무엇일까?
- 메드베젠코는 마샤의 마음이 향하는 곳을 알고 있었다. 이걸 다 알고도 마샤를 사랑하는 그 마음은 어떤 마음일까?
- 마샤에게 결혼을 승낙받았을 때, 그는 어떤 마음이었을까?
- 메드베젠코와 마샤의 결혼식은 어디서 어떻게 진행됐을까?
- 결혼한 후에도 트레플레프를 향한 마음이 변하지 않는 마샤를 보며, 메드베젠코는 어떤 마음이 들었을까?
- 결혼 생활에 대한 만족도는 어땠을까? 결혼을 후회한 적은 없었을까?
- 메드베젠코에게 트레플레프는 어떤 존재일까?

참고문헌

1. 원서

Чепуров А. А. (2002). Александрийская 'Чайка.' Балтийские сезоны.

Chekhov, Anton. (1977). The Five Plays (Ronald Hingley, Trans.). Oxford University Press.

Chekhov, Anton. (2010). The Seagull (Laurence Senelick, Trans.). W. W. Norton & Company, Inc.

Chekhov, Anton. (2017). The Seagull (Richard Nelson, Richard Pevear & Larissa Volokhonsky, Trans.). Theatre Communications Group, Inc.

Schuler, C. A. (1996). Women In Russian Theatre: The Actress in the Silver Age. Routledge.

Antonova, K. P. (2017). An Ordinary Marriage: The World of a Gentry Family in Provincial Russia. Oxford University Press.

Rayfield, Donald. (1997). Anton Chekhov: A life. Faber and Faber Ltd.

Rayfield, Donald. (1999). Understanding Chekhov: A Critical Study of Chekhov's Prose and Drama. The University of Wisconsin Press.

2. 번역서

안톤 체호프(1990). 스타니슬라브스키 연출노트(오사량, 역). 예니.

안톤 체호프(1999). 바아냐아저씨(김성호, 역). 청목.

안톤 체호프(2000). 체호프 희곡 전집 II (이주영, 역). 연극과 인간.

안톤 체호프(2002). 체호프 단편선(박현섭, 역). 민음사.

안톤 체호프(2004). 벚꽃 동산(오종우, 역). 열린책들.

안톤 체호프(2009). 갈매기(홍기순, 역). 범우.

안톤 체호프(2010). 체호프 희곡 전집(김규종, 역). 시공사.

안톤 체호프(2016). 갈매기/세 자매/바냐 아저씨/벚꽃 동산(동완, 역). 동서문화사.

안톤 체호프(2018). 갈매기 체호프 희곡선(장한, 역). 더클래식.

아톤 체호프(2019). 갈매기(강명수, 역). 지만지드라마.

안톤 체호프(2021). 챠이카: 갈매기(전훈, 역). 애플리즘.

아리스토텔레스 외(1976). 시학(천병희, 역). 문예출판사.

투르게네프(1986). 처녀지·루딘(김학수, 역). 범우사.

네미로비치 단첸코(2000). 모스크바 예술극단의 회상(권세호, 역). 연극과 인간.

드니 디드로(2001). 배우에 관한 역설(주미사, 역). 문학과지성사.

밀리 S. 배린저(2001). 서양 연극사 이야기(우수진, 역). 평민사.

데이비드 볼(2007). 통쾌한 희곡의 분석: 희곡을 제대로 읽는 방법(김석만, 역). 연극과 인간.

기 드 모파상(2009). 벨아미(송덕호, 역). 민음사.

케이티 미첼(2012). 연출가의 기술(최영주, 역). 태학사.

에드윈 윌슨 & 앨빈 골드퍼브(2015). 세계연극사(김동욱, 역). 퍼스트북.

미하일 체호프(2019). 배우의 길 천줄읽기(이진아, 역). 지만지드라마.

3. 단행본

김경묵(2006). 이야기 러시아사. 청아출판사.

김규종(2009). 극작가 체호프의 희곡을 어떻게 읽을 것인가. 신아사.

김규종(2011). 소련 초기 보드빌 연구. 고려대학교 출판부.

박성봉(2014). 14막 70장으로 읽는 세계 연기 예술의 역사. 동연.

조한준(2022). 연기예술을 논하다. 동인.

4. 논문

Reyfman, I. (1995). The Emergence of the Duel in Russia: Corporal Punishment and the Honor Code. The Russian Review, 54(1), 26–43. https://doi.org/10.2307/130773

Mironov, B. N. (2010). Wages and Prices in Imperial Russia, 1703-1913. The Russian Review, 69(1), 47-72. http://www.jstor.org/stable/20621167

김규종(1990). 소련 초기 보드빌 연구 ─ Ⅴ. 까짜예프의 〈불가능한 일〉과 Ⅴ. 쉬끄바르낀의 〈남의 아이〉를 중심으로. 러시아소비에트문학, 2(0), 126-142.

함영준(1990). A. 체홉의 희곡 「갈매기」에 나타난 주제와 그 무대화 연구. 노어노문학, 273-321.

표상용(2002). 러시아어 사람 이름에 대한 연구. 슬라브학보, 17(2), 109-142.

함영준(2003). A. 체호프 갈매기의 새로운 해석. 노어노문학, 15(1), 463-495.

함영준(2003). 메타-시간 관점에서 본 체홉 드라마 연구. 노어노문학, 15(2), 583-609.

함영준(2004). 러시아 문학에 등장하는 "햄릿" 텍스트 연구. 노어노문학, 16(2), 317-337.

함영준(2005). A. 체홉 희곡 텍스트 분석의 새로운 가능성 연구. 노어노문학, 17(2), 351-374.

이형구(2006). 블라디미르 솔로비요프의 미학에 관한 일 고찰. 슬라브학보, 21(1), 145-169.

함영준(2006). 체홉 『갈매기』의 한국무대 수용 연구. 노어노문학, 18(2), 363-386.

김용환(2010). 러시아 인명(人名)의 특성과 형성과정. 슬라브 연구, 26(2), 39-62.

백용식(2010). 고전 러시아 보드빌의 변화와 체홉의 단막극. 러시아학, (6), 21-40.

김석만(2011). [드라마투르그 노트] 갈매기. 공연과이론, (42), 237-262.

김규종(2012). 아리스토텔레스의 『시학』을 바라보는 엇갈린 눈길. 동북아 문화연구, 367-390.

이승억(2013). 19세기 러시아 귀족 문화에 나타나는 '결투'와 '무도회'의 토포스. 인문과학연구, 171-195.

윤서현(2017). 안톤 체홉의 「갈매기」에서의 예술테마. 러시아 연구, 27(1), 243-269.

오종우(2017). 체호프 『갈매기』의 복합 메커니즘. 노어노문학, 29(3), 77-96.

함영준(2019). A. 체홉의 『갈매기』에서 인물 형상 연구―마샤 샤므라예바를 중심으로. 외국문학연구, (75), 61-80.

윤미경(1991). 체홉의 〈갈매기〉에 나타난 니나의 자기신뢰와 그 발견과정 [국내석사학위논문, 동국대학교 대학원]. 서울.

배민희(2007). 안톤 체홉의 〈갈매기〉에 나타난 등장인물들의 갈등양상에 관한 연구: 니나, 트레플레프 그리고 트리고린의 삼각관계를 중심으로 [국내석사학위논문, 중앙대학교 예술대학원]. 서울.

5. 대본

안톤 체호프(2004). 전훈 역. 정동극장 안똔 체홉 서거 100주년 기념 공연 〈갈매기〉 대본. 서울.

안톤 체호프(2004). 함영준 역. 예술의전당 기획공연 〈갈매기〉 대본. 서울.

6. 인터뷰

함영준(〈갈매기〉 번역 및 협력연출, 단국대). 2004 체호프 서거 100주년 기념 공연 〈갈매기〉 연출가 러시아 지차트콥스키.

7. 온라인 자료 (2024.3.31. 기준)

http://az.lib.ru/m/markewich_b_m/text_1883_chad_zhizni_oldorfo.shtml

https://kr.rbth.com/why_russia/2017/06/09/gunggeumhan-reosia-15-geuddae-reosiaeseo
neun-wae-peurangseueoga-geureohge-geugseongieosseulgga_778890

https://kehilalinks.jewishgen.org/lida-district/wages.htm

https://www.rbth.com/russian-kitchen/326973-10-russian-dining-rules

https://ilibrary.ru/text/971/p.1/index.html

https://ch.itmo.ru/seagull/play/scene-ex